国語授業の改革12

「言語活動」を生かして確かな「国語の力」を身につけさせる

新学習指導要領・新教科書を使った新しい国語の授業の提案

科学的『読み』の授業研究会 編

学文社

はじめに

新しい学習指導要領が二〇〇八年に告示され、今年度から小中ともに完全施行となりました。そこでは「言語活動の充実」が重視されています。特に「国語」では「言語活動例」が具体的に示されました。「説明」「報告」「提案」「紹介」「推薦」「感想」「批評」「討論」「交流」「読み合い」「述べ合い」などの活動です。

この「言語活動」自体は歓迎すべきことと考えます。しかし、その生かし方にはわかりにくい面があり、小中の現場で混乱が起きています。「活動」だけが展開され、それを通じてどういう国語の力を身につけさせるのかが曖昧な授業。「ねらい」は設定されているものの、「言語活動」とのつながりに大きく齟齬がある授業などです。

新しい指導が導入される時には一定の混乱があることは避けがたいとも言えますが、それだけではなく提唱者である文部科学省の説明が不十分であるという側面も否定できないと思います。

そこで、今回は「言語活動」を特集しました。「言語活動の充実」を通じて、確かで豊かな「国語の力」をつけるにはどうしたらいいのか。それらを教科書の教材に即して具体的に解明していきます。

第Ⅰ章では、折出健二先生と阿部昇の「言語活動」に関する論考を位置づけました。その上で小中の「言語活動例」および新「指導事項」を取り上げ、どうしたら確かで豊かな「国語の力」を子どもたちに身につけさせることができるかを多面的に追究しました。第Ⅱ章では、それぞれの「言語活動例」に注目しつつ、より実践的な指導方法・スキルを解明しました。第Ⅲ章では、「話し合い」「意見交換」を生かした小学校の授業実践を取り上げています。そして第Ⅳ章では、気鋭の研究者に国語の授業と「言語活動」について論じていただきました。

『国語授業の改革』には、その名のとおり国語の授業を改革するための切り口がたくさんあります。多くの先生方、研究者の方々に読んでいただき、ご意見・ご批判をいただきたいと思います。

二〇一二年八月

読み研代表　阿部　昇（秋田大学）

目次

【問題提起】

1 「言語活動」を生かすことで確かな「国語の力」をつけさせる

――「言語活動」のメカニズムを解明し、「言語活動」を生かす

阿部 昇（秋田大学）

1 「言語活動の充実」と「活動主義」の陥穽

二〇〇八年告示の『小学校学習指導要領』および『中学校学習指導要領』では、「言語活動」を充実すべきことが「総則」で示された[1]。特に「国語」では、「言語活動」例が明確に位置づけられた。「話すこと・聞くこと」「書くこと」「読むこと」を通じて、各学年ごとに平均約三項目ずつの「言語活動」例が位置づいている。「読むこと」には次のような「言語活動」例がある。

物語や詩を読み、感想を述べ合うこと。（小3・4）

本を読んで推薦の文章を書くこと。（小5・6）

説明や評論などの文章を読み、内容や表現の仕方について自分の考えを述べること。（中2）

物語や小説などを読んで批評すること。（中3）

「言語活動」を国語の授業にどう位置づけていくかについては、小中の現場に混乱がある。たとえば「言語活動」と、それによって身につけさせるべき国語の力つまり「ねらい」とに大きな齟齬がある授業。また、抽象的で曖昧な「ねらい」のまま、言語「活動」だけが自己目的化している授業などである。何度も繰り返されてきた「活動主義」への陥穽につながる危険である。その「言語活動」を通してどういう国語の力を身につけさせるかを教師が明確に意識しない限り、全国のどの教室でも「活動はあるが、学力が身につかない」という状態に陥る可能性がある。

その問題は学習指導要領そのものの記述にも原因がある。「言語活動」とそれを通じて身につけさせるべき国語の教科内容（指導事項）との関係がわかりにくい。まず「(1)」で各学年で身につけさせるべき教科内容（指導事項）が示され、その上で「(1)に示す事項については、例えば、次のような言語活動を通して指導するものとする。」という形で「(2)」の「言語活動」が示されている。しかし、「(1)」と「(2)」の「言語活動」との関連性がつかみにくい。

小5・小6の「読むこと」の「言語活動」には、「自分の課題を解決するために、意見を述べた文章や解説の文章などを利用すること。」「本を読んで推薦の文章を書くこと。」などがあるが、これらが「(1)」の一つ一つの教科内容（指導事項）とどのように関連しているかは把握しにくい。『解説・国語編』を見ても、その関連は明確には示されていない。(2)

さらには「(1)」の教科内容（指導事項）にあたる部分にも「本や文章を読んで考えたことを発表し合い」など「言語活動」的要素が混じっている。逆に「言語活動」の中に「編集の仕方や記事の書き方」といった教科内容（指導事項）的要素が入り込んでいる。

「言語活動」が活動主義の復活につながる危険を含むもう一つの原因がある。それはこれまで国語の授業で子どもたちに身につけさせるべき力、つまり「教科内容」が曖昧なままにされ続けたきたことである。一九〇〇年に「国語」という教科が成立して以来、約一〇〇年間、国語科では子どもたちに身につけさせるべき力、つまり国語の「教科内容」が曖昧なままにされ続けてきた。(3)

むしろ「曖昧だから良い」という見方さえ国語科教育の世界にはまだ残っている。文学の分野では、「構成とか、技法とか、人物とか、主題とかいったことを言うからかえって読むことがつまらなくなる」という考え方は根強い。それと同一線上にある考え方として「優れた作家が創作した芸術作品を分析的に解読するなど芸術への冒涜である」という思想が見え隠れする。

西郷信綱は、文学作品の「分析は命を殺すものと受けとられやすい」が、「実は逆で」あると述べる。(4)

「鑑賞」と称するものをうっかり信用できないのも、概して享受が分析を経ない趣味のことばで語られているからである。すばらしいとか、美しいとか、人間的とか、天才的とか、等々、分析とはこういった一般的名辞による評価を拒み、享受そのものを表現に即してもっと意識化することである。

ピエール・ブルデューも同様のことを述べる。[5]

　科学的分析が、美的快楽をはじめとして、文学作品や読書行為の特殊性をなすものをどうしても破壊してしまうというのは、いったい本当なのか？（中略）いったいなぜ、あれほど多くの批評家、作家、哲学者たちが、芸術作品の経験は曰く言いがたいものであり、それは定義からして理性による認識を逃れるものであると、あんなにも迎合的に言明するのか？　いったいなぜ、彼らは闘いもせずに、知の敗北をこんなふうに性急に宣言してしまうのか？（中略）なぜ人は、芸術作品や美的経験を知的に認識する試みを押し進めようとする人々にたいして、あんなにも執拗な攻撃を加えるのか？（中略）要するにひとことで言えば、なぜ人はあんなにもはげしく、分析に対する抵抗を示すのか？

こう述べながら、ブルデューは一定の「理性」的方法によって分析的に文学作品を読むことの大切さを強調している。「多くの批評家、作家、哲学者たち」は、日本の「研究者、作家、教師たち」に言い換えられる。

また、ブルデューは、そういった傾向は「典礼さながらにくりかえされる学校教育によって、かつ学校教育のために、それらが際限なく再生産されて、〈学校〉によって形成されてゆくすべての人々の精神に深く刻み込まれている」とも述べる。ブルデューは、ヨーロッパの研究・教育を念頭に置いて右のように述べているのであろうが、日本も同様である。

右のような分析忌避の状況が、国語科教育の世界に強い影響を与えてきたと私は見ている。こういった状況が、作品の構成・構造、技法等、国語の授業で身につけさせるべき力を曖昧にするという「伝統」を支え続けてきた。もちろん、これは文学の分野だけではない。説明的文章でも似た状況がある。さきほどの「優れた作家」を「著名な筆者」に、「芸術作品」を「優れた文章」に言い換えれば同じことが言える。今回の「言語活動」の充実が

「活動主義」という落とし穴にはまりこむ危険は、それらと深く関わる。

こういう状況があるからこそ、国語の授業では、その「言語活動」を通してどういう国語の力（教科内容）を身に着けさせるかを、より強く意識する必要がある。

たとえば「登場人物の行動の意味を考えて、話し合うことができる」[6]、「フロンがどのようにオゾン層をこわすのか、内容を正確に読みとることができる」[7]などといった抽象的で曖昧なねらいのまま「言語活動」をいくら工夫しても国語の力は身につかない。「行動の意味」をどのように考えさせ、それがどういう国語の力をつけることにつながるのか。「正確に読み取る」の「正確」とは何か、そしてそれを通じてどういう国語の力をつけようとしているのか、などが曖昧なままである。

たとえば、上位のねらいとして「物語の工夫・技法に着目しながらテーマを読む方法を学ぶ」を設定する。そして下位のねらいとして「導入部の人物設定の工夫・技法に着目しつつ、それがクライマックスで伏線として生きることを学ぶ」などの具体的な設定をする。また「論説文の見解と論証の関係をつかみながら、論証の妥当性を吟味する方法を学ぶ」という上位のねらいを設定し、その下位として「見解の根拠として挙げている具体例の妥当性を『典型性』という観点から吟味する方法を学ぶ」など、より具体的なねらい設定をしていく必要がある。

2 「言語活動」は「言語に関する能力」「思考力、判断力、表現力」の文脈でとらえる

課題や危険性を含んではいるものの、「言語活動」を国語の授業で重視していくこと自体には賛成である。そこには一定の先進性が内包されている。ここでは、どのように「言語活動」を位置づけ実践化していけば、創造的な国語の授業が構築できるのか、それを考えていく。

「なぜ『学習活動の充実』ではいけないのか」という声を聞くことがある。確かに「論述」「説明」「推薦」「伝え合い」「述べ合い」などは、これまでも実践されてきている。その場合も、当然のことながら言語が使われている。あえて「言語活動」とする必然性は何なのか。

今回は「言語」に意識的に着目した学習を展開させるという構想が学習指導要領にあると私は見ている。だから、総則に「言語に関する能力」が明記され「思考力、

判断力、表現力」が重視されている。子どもに「言語」に着目した学習をさせること、「言語」をより強く意識した指導を行うべきことが、「言語活動の充実」の文脈に存在している。より意識的に「言語」にこだわった教科指導をすることで、これまで曖昧にされてきた学習が強化されるということである。

国語は、もともと言語を扱う教科である。しかし、これまで「言語」という側面が十分に重視されてきたとは言えない。第1節で述べたこととも関わり、「構成とか構造などとうるさいことを言わないで、子どもが読んだ印象を大切にすればいい」「技法とか伏線とか暗示とか、めんどうなことを言うから、作品が面白くなくなる」などといった考え方は意外と根強い。これは「言語」の教育としての国語を忌避する傾向と言える。

しかし、子どもの第一印象を重視するにしても、文章や作品の構成・構造を意識すると、一読目では気づかなかった意外な仕掛けや面白さが発見されることが少なくない。一読目の印象を重視しつつ、二読目から比喩や反復、倒置や体言止めなどの技法、伏線や暗示などの仕掛けに着目することで、その作品の意外な魅力に気づき、一層作品が好きになることも多い。もちろんその過程で、子どもたちに確かで豊かな国語の力が身についていく。

新学習指導要領「国語」で「比喩や反復などの表現」の「工夫」（小5・小6）「技法」（中1）などが明記されたのは、「言語」重視の流れの一つと言える。また、旧学習指導要領「国語」では、一度しか出てこなかった「登場人物」という言葉が、新学習指導要領「国語」では、小1・小2から中3まですべての学年に出てくる。「登場人物の行動」「登場人物の性格や気持ちの変化」「登場人物の相互関係」「登場人物などの描写」「登場人物の行動の意味」「登場人物の設定」である。これも、たとえば「登場人物の設定」という観点で読み直すと、より豊かに面白く作品が読めるという考え方に基づくと見ていい。『解説・国語編』にも「状況設定―発端―事件展開―山場―結末」という物語の典型構成例が示された[8]。

実際に、子どもたちは、物語・小説には導入部（状況設定）があり、そこでの人物設定が伏線となり、作品後半の山場やクライマックスをより効果的にしていることに気づくと喜びの表情を見せる。そして、その観点を他の作品にも応用できるようになる。「スイミー」（レオ＝レオニ）の導入部の「みんな赤いのに、一ぴきだけは、からす貝よりもまっくろ。」という人物設定（紹介）が、山場の中のクライマックス「みんなが、一ぴきの大きな魚みたいにおよげるようになったとき、スイミーは言った。／『ぼくが、目になろう。』」で生きることを見つけ出すと、子どもたちは目を輝かせる。

その文脈で、これまで私たち（阿部および読み研）が提唱してきた指導過程と教科内容―物語・小説では　a構成・構造の読み（構造よみ）　b形象・技法の読み（形象よみ）　c吟味・批評の読み（吟味よみ）、説明的文章では　a構成・構造の読み（構造よみ）　b論理・事柄の読み（論理よみ）　c吟味・評価の読み（吟味よみ）―を見直すと、その有効性が再認識できるはずである。(9)

3「言語活動」は「内言」の「外言」化という積極的意味をもつ

「言語に関する能力」および「思考力、判断力、表現力」中の「表現力」については、明らかに「言語」に関わる。ただし、「思考力」「判断力」については、実際にはどのように「言語」と関わるのかややわかりにくい。

「思考」「判断」は、通常は無意識のうちに頭の中で展開される。そして、「思考」も「判断」も、頭の中で「言語」を駆使しながら展開されている。「思考」「判断」は、極めて速いスピードで行われる。もし、私たちが通常使っている話し言葉や書き言葉と同じ言語とすると、その速さは説明がつかない。「思考」「判断」の際に使われる「言語」とは何か。

それは「内言」と呼ばれる「言語」である。日本人の場合は、多くの場合日本語であるが、それは通常使う日本語とは違い、たとえば主語・述語・修飾語の中の主語と修飾語が省略された述語中心の言語である。また、長い概念、たとえば「秋田大学教育文化学部学校教育課程」などという長い言葉（概念）は、ちょうどコンピュータの短縮言語のように短縮される。また、複数の概念が構造的に統合化されつつ短縮化されることもある。

私たちが普通に使う話し言葉・書き言葉は「外言」である。その外言を省略したり短縮したり統合したりしながら使われるものが「内言」ということになる。(10)

そして、「言語活動」を重視する学習の根幹に、「内言」の「外言」化という要素が大きく関わっていると私は見ている。今述べたように内言は、可視的・可聴的な言語ではない。そのため速度は速いが、意識化が不得意である。外言は、速度は遅いが、意識化は得意である。音声であれば声として聞こえる。文字であれば見ることができる。特に書き言葉であったり改まった形での話し言葉は、主語や述語を簡単には省略できない。自分流の短縮化や統合化をしてしまうと、聞き手・読み手には伝わらない。それゆえに内言を外言化しようとする過程で、自らの思考や判断が整理され意識化されていく。

これまでの学習でも内言の外言化の過程は存在した。しかし、今回は「言語活動」という切り口でそれをより明確に前面に押し出した形である。

そう考えると、「言語活動」の指導で留意すべき点が見えてくる。算数では問題の思考過程を式で表すだけでなく、言葉を使って表すことで、内言による思考過程が顕在化する。言葉使って（外言で）説明・表現させることで、内言による思考過程がより整理され学習が深まるとも言える。国語でもなぜそこをクライマックスだと思ったのか、なぜその表現を面白いと感じたのかなどを言葉を使って（外言で）説明・表現させ、さらにはそれを子ども相互で交流・検討させることで、読み（思考過程）がより整理され根拠が意識化される。また、「外言」のやりとり―話し合い・意見交換、討論、相互評価等によって、その思考過程・読みが交流され、対話され、深められていく。創造的な発見も生まれる。それがより確かで豊かな学力の獲得につながる。

> 春
>
> てふてふが一匹韃靼海峡を渡つて行つた。

安西冬衛の詩である。(11) この詩を示し「どんな情景？」「何が印象的？」などと教師が聞くと、「こわい」「蝶々が可哀想」「風が強そう」などが子どもから出る。

「なぜ？どこがこわいの？」「なぜかわいそう？」「風が吹いてるなんて書いてないよ」などと問いかけると、子どもたちはとまどった表情を見せる。「本文の中に証拠を見つけよう」というと、子どもたちは詩を読み直す。

「『一匹』だから、たいへんなんだ」「『海峡』って広い海だから蝶々が渡れるわけない」「『韃靼(だったん)海峡』って、なんか寒くて風が強そう」などと話し始める。

これらは、すでに外言化の一つである。十分に意識化できていない解釈過程を、言語にこだわりながら顕在化させ、共有させていく第一歩である。

さらに「なぜ『韃靼海峡』が寒くて風が強そうと思ったのか、理由を考えよう」と教師は投げかける。そして子ども相互の話し合い・意見交換の時間をとる。「話し合い・意見交換」の過程も重要な外言化である。話し合い・意見交換の前には、一人一人で考える時間を設けることが通例だが、その際に子ども一人一人が取るメモも、既に重要な外言化である。(その意味でメモの指導も重視する必要がある。「書きすぎない」メモの指導である。)

証拠が見つからないグループには、「この海峡は間宮海峡だけど、『間宮海峡』と『韃靼海峡』、どう違う」「『ダッタン海峡』と書いてもいいよね」などと助言する。

さらに学級全体で意見交換を行う中で、子どもたちは「『韃靼』だと、日本からすごく離れた寒い所にある海峡」「厳しい海峡のイメージは『韃靼』の漢字と『ダッタン』の音の感じから」などの意見が出てくる。「韃靼」のもつ文化的異質性、非日常性、漢字表記上の強さ・重さ、音の響きのもつイメージ―等が解明されてくる。

こういった内言の外言化によって、子どもたちは詩の読みの過程―思考、判断過程を意識化させ、読みの力を身につけていく。「てふてふ」の表記性、「渡つて行つた。」という「遠ざかり体」の表現、語り手の位置、「てふてふ」と「韃靼海峡」の対比性(十五種類以上読める)、「春」という題名の象徴性、それらから総合して読める語り手の思い・思想、その向こうにある虚構としての作者のものの見方・考え方まで、内言の外言化が続く。この後、それを書いていくことで、より意識化は強まる。そして、それらの読みの過程、読みの観点は、別の文学作品にも生かしていける。

同じ外言化でも、話し言葉によるものと、書き言葉によるものとでは、その意味が少し違ってくる。既に述べたとおり内言は外言を省略したり短縮したり統合化したりしている。それを外言化する際には、それらを意識的に整理し直し、省略・短縮・統合をわかりやすい形で復元しないといけない。しかし、話し言葉の場合は、目の前に聞き手がいるために、比較的その整理・復元の厳密性は問われない。その場で適当に補うこともできるし、暗黙の了解が成立していることもある。一方、書き言葉の場合は、読み手が目の前にいるとは限らない。不特定多数に向けての外言化である。そのため、整理・復元はかなり厳密であることが求められる。誰にでもわかるような外言化が求められる。

だから、「言語活動」においては、話し言葉による外言化と書き言葉による外言化を使い分けることが求められる。また同じ話し言葉でも、特定の相手に話す場合と、複数の前で比較的オフィシャルに話す場合とを区別する必要がある。前者は外言化でも内言的要素が残っていてもいい。しかし、後者はより厳密な外言化が求められる。

これらいくつかの外言化を指導過程・指導段階、学習内容によって、使い分け組み合わせることで「言語活動」をより有効に展開させることができる。

4　国語では二つの「言語」を強く意識する

内言の外言化について述べてきたが、その際に二つの「言語」にこだわることが重要である

一つは、教材としての「言語」へのこだわりである。解釈・吟味の際に作品・文章の一語一文にこだわることである。右の詩の例だと、たとえば「韃靼海峡」や「渡つて行つた」という表現に徹底的にこだわることである。

もう一つは、教材をどのように読んだかという解釈・吟味の「言語」へのこだわりである。第3節で検討した「春」であれば、漢字の表現性にこだわりながら、「すごく離れた国」「寒くゴツゴツした岩」そして「非日常」「漢字の表記」などの解釈を外言で表現できることである。そこには、教師の「詩は、絵のような側面と音楽のような側面があるね」などという意味付けも含まれる。

前者については、授業で常にどの言葉、どの文からそう読めるのかを意識させる指導を継続的に行うことが大切である。文学でも説明的文章でも、「どこに証拠があるの?」「本文のどこからそう読めるの?」「何頁の何行目?」「本文に本当に書かれている?」などという教師の発問、そして子ども相互のやりとり、子ども自身の自問自答が求められる。この要素を軽視すると国語の力は育たない。

そのためにも物語・小説、詩、説明的文章など、ジャンルに即した「読む方法」を子どもたちに指導していく

ことが必要である。それにより子どもは作品・文章の中のどこにこそ着目しこだわればいいのかを学んでいく。

後者も、授業で「何となくそんな風」「だいたいそんな感じ」だけで終わらせずに、「どの言葉がぴったりくるか」「この言葉はまだしっくりこない」「こういう言い方の方がいい」「この言葉がないと『理由』にならない」など、言語（外言）を明確に意識させることが大切である。これも「読む方法」があることで切れ味を増す。

「読む方法」は、たとえば物語・小説であれば、構成やクライマックス、人物設定、事件の節目、人物像の発展、レトリックや様々な仕掛け、語りの構造などへの着目がそれにあたる。説明的文章であれば、構成や大きな論理の方向性、柱の段落や文、段落相互・文相互の関係、上位・下位や抽象・具体などの関係性への着目がそれにあたる。（新学習指導要領「国語」の「内容」にもそれらは含まれるが、残念ながらまだ欠落要素が多い。「系統性」というには無理がある部分も少なくない。）

「紹介」「推薦」「引用」「感想」「批評」などの「言語活動」を生かす際にも、右の二つの「言語」にこだわることが必要である。その言語活動を通じてどういう国語の力をつけるかの意識化が大前提だが、それも右の二つの「言語」へのこだわりがあってこそ達成できることである。文章・作品のどここそを「引用」させるか、どこを根拠に「推薦」させるか、どこに着目して「批評」させるか。そして、それをどういう言葉で表現させていくか。―などを教師は戦略的に構想しておく必要がある。

5 「学習集団」の指導が「言語活動」では大きな意味をもつ

学習指導要領「国語」の「言語活動」例には、たとえば「感想を交流」「感想を述べ合う」「対話や討論などを行う」「意見を述べ合ったりする」などが位置付いている。これらは、子ども相互の話し合い・意見交換を含む活動であり、その意味で「学習集団」の指導と深く関わる。

はじめは「何となく」「なぜかそんな感じがする」「なぜかわくわくする」などでいい。ただし、それを切り口としながら、「読む方法」を生かしながら、教材の一語一文にこだわり、解釈・吟味の言葉にこだわる。それらを意識化しながら、まずは一人一人が思考しメモする（メモは既に述べたように外言化の第一歩である）。その思考（解釈・吟味）をグループ内で発表し合い、検討する。さらにそれを学級全体に出し検討を深めていく。

その場合、解釈・吟味が一致することもあればズレることもある。相反する解釈・吟味になることもある。試行錯誤や揺れが発生するのである。それをまた話し合い論議する。実はそのズレや異質性こそが、新しい解釈・吟味を生み、新しい読みの方法を身につけることにつながっていく。

「スイミー」のクライマックスはどこかをめぐって意見の相違が生まれる。それを本文に証拠を求めながら、考え、話し合い、討論し、読みを深める。詩「春」の読み取りでも、蝶を「挑戦者」と読む子どももいるし、「無謀な試みをする者」と読む子どももいる。それらの差異、異質性を交流し論議していくことで、新しい発見が生まれる。

だから、子どもたちに安易な一致や合意ができそうな時は、教師はあえて異質な意見を出す。クライマックスについて子どもたちが簡単に一致しそうになったとき、教師は「でも、その前の方がどきっとするんじゃないかな。そっちの方がクライマックス的じゃない?」などと発言し、あえて異質をもちこむ。「ゆさぶり」である。

「言語活動」の充実にかかわって、今後「学習集団」研究を再度活性化していく必要がある。[12]

注

(1) 文部科学省『小学校学習指導要領』および『中学校学習指導要領』二〇〇八年告示

(2) 文部科学省『小学校学習指導要領解説・国語編』および『中学校学習指導要領解説・国語編』二〇〇八年

(3) これについては、阿部昇「国語科の教科内容の系統性は一〇〇年間解明されてこなかった」『国語授業の改革10』二〇一〇年、学文社、六～一七頁で論じた。

(4) 西郷信綱他『日本文学の古典』一九六六年、岩波書店、一九五頁

(5) ピエール・ブルデュー（石井洋二郎訳）『芸術の規則Ⅰ』一九九五年（原著は一九九二年）、藤原書店、一〇～一二頁

(6) 「ごんぎつね」（新美南吉）の小4の授業である。『読みを深める授業分析・4―全授業記録と考察』一九八七年、明治図書、七六頁

(7) 「オゾンがこわれる」（伊藤和明）の小6の授業である。『新学力観に立つ「説明文教材」の支援発問』一九九五年、明治図書、一五四頁

（8）文部科学省『小学校学習指導要領解説・国語編』二〇〇八年、5年・6年

（9）大西忠治は、物語・小説については、a構造よみ　b形象よみ　c主題よみ—を、説明的文章については、a構造よみ　b要約よみ　c要旨よみ—を提唱していた。それについて阿部昇は、大西の物語・小説の指導過程だと授業が「主題」の読みに止まってしまう危険性を指摘し、吟味・批評の読みが位置づけられていないことを批判した。（吟味・批評の読みはここに含まれる）c吟味よみ—の指導過程と教科内容を提案した。そして、a構造よみ　b形象よみ（主題の読みはここに含まれる）同じく説明的文章については、大西の指導過程が「要約」「要旨」の完成を自己目的化させていく危険性を含むことを指摘した。また、吟味・批判の読みが欠落していることを批判した。そして、阿部はa構造よみ　b論理よみ　c吟味よみ—の指導過程と教科内容を提案した。（阿部昇『授業づくりのための「説明的文章教材」の徹底批判』一九九六年、明治図書。「国語科新教材の傾向と攻略法」『国語授業の改革1』二〇〇一年、学文社、五〜一二頁。『文章吟味力を鍛える—教科書・メディア・総合の吟味』二〇〇三年、明治図書。「国語科の教科内容をデザインする—教科内容再構築の試み」『国語授業の改革4』二〇〇四年、学文社、五〜一二頁。他）

（10）これについては、レフ・セミョノヴィチ・ヴィゴツキー（柴田義松訳）『新訳版・思考と言語』二〇〇一年（原著は一九三四年）、新読書社、第七章「思想と言葉」（三五四〜四三四頁）に詳しい。

（11）安西冬衛の「春」は、詩集『軍艦茉莉』（一九二六年）所収の詩である。初出は雑誌『亜』第一九号（一九二六年）である。初出では「春／てふてふが一匹間宮海峡を渡って行つた。」になっている。

（12）学習集団については、戦後、吉本均、大西忠治、柴田義松、豊田ひさき、折出健二はじめ多くの研究者が注目すべき研究を展開してきたが、最近は検討の機会も研究論文の数も少なくなってきている。この機会に、学習集団研究を活性化する必要がある。なお、『国語授業の改革6』（読み研編）（二〇〇六年、学文社）では「学習集団・授業づくりについての提言」を特集している。大槻和夫、豊田ひさき、藤原幸男、子安潤、鶴田清司、小林義明が論考を寄せている。なお、同じ号の「学びの共同体と学習集団の授業」の中で柴田義松は、佐藤学の「学びの共同体」を批判しつつ、学習集団および討論を生かした学習の重要性について論じている。

【問題提起】

2　子どもにとっての学びと言語活動にせまる
――身体性・他者性・関係性

折出　健二（愛知教育大学）

1　国語授業のスタンス

昨年の夏の日、藤沢市に住んでいる孫たちを訪ねた時のこと。その三歳男児と一緒に散歩をしていたら、男児が、この街角で昨日蝉を見つけて手で捕ろうとしたら、こうやってばたばたと飛んでいった、と身振り手振りで私にしゃべってくれた。その活き活きとしていること。五感で話すとはこういうことをいうのであろう。捕まえ損ねた蝉のことを楽しく、彼は体で話した。彼は幼児なりに蝉の観察者であり、蝉になったつもりの身であり、それを私に伝える話者でもあった。

この事例に、幼いながらも子どもにとっての言語の基本要素がしっかりと含まれている。すなわち、身体をくぐる（身体性）、他者に自己を開く、思いを相手に伝えることである。

三・一一の東日本大震災を体験した人々にとっては、よりいっそう、その言語の三要素が鋭く働くようになった。そのことは、ノンフィクション作家佐野眞一氏との対談で、福島在住の詩人であり高校教師である和合亮一氏が語っている（佐野・和合『言葉に何ができるのか～3・11を越えて』徳間書店、二〇一二年）。佐野氏が対談で、震災後の大事な課題として「身体を持った言葉を取り戻す」（同書、二二九頁）と言っていることはとても重要で、国語の授業もそのテーマを意識しながら追究していくことで、震災後の国語授業としての意味を持ってくるのだと思う。和合氏によれば、「がんばろう」「一つになろう」のメディアから流れる言葉が、被災地の人々にとっては、むなしく響いた。そこに登場する殆どの著名人たちからは、その言葉の身体性が見えない、感情表現が伴っていない（と被災地の人には映った）からであろう。新学習指導要領の言語活動に取り組むに当たり、国語授業は、未曾有の震災が浮き彫りにした「言葉の力」を今一度問い直し、それを授業展開に生かすべきではないだろうか。

では、「取り戻す」とはどういうことか。それは、何よりも、発した言葉を受け止める相手（他者）が見えることである。先の男児も一緒によく遊ぶジイジだったから、あのようにはしゃぐほどにしゃべった。蝉がこんなに間近にいたんだよとわかってほしい。そういう思いがあふれている。もしその街角に来る前に、なにかのことで私が叱ったとしたら、いくら彼にとってその蝉の取り逃がし体験が新鮮なできごとであっても、しゃべらないであろう。ジイジは目の前にいても、自分の中によぎるのは嫌なジイジと映るからだ。ここがポイントである。

クラスの子どもたちも、基本的には同じだ。ゆきおはなんとかしてけんじに、自分の調べたことを伝えたいと思うから、亜美は浩の班の人たちに自分の考えを伝えたいと思うから、身体はそちらを向き、まなざしも活き活きとして話す。聴く方も、話者の方を向いていて、「目で聴く」（仏教用語に由来するらしい。）姿そのもので、これが言語でつながる関係性の実相である。この場合、ただ相手が物理的に見えているだけではなく、相手という他者性も見ようとしていることが大事なのだ。言い換えれば、目の前のけんじに話しながら、その授業である解釈を発言した彼のその時の様子を心に描き、その彼にも届くように話す。そういう二重の関係性をここでは問題にしている。

教室という空間では、子どもどうしだけではなく子どもと教師の間にも、そのような言語でつながる関係性が多様に展開していくのである。だから、授業は一回一回がドラマだと言われるのである。

筆者は、二〇一〇年度に秋田大学教育文化学部附属小学校の授業研究に係わらせていただき、多くの教室でそのような学びの場面を参観させていただいた。

2　他者に自己を開くということ

クラスの仲間たちは他者であるが、その他者とは、伝わりにくく、わかりあえるには時間のかかる存在なのだ。子ども集団づくりとは、そのような互いの関係性を学びの対象としつつ、多様な個性を繋いで自治と学びと文化の世界に挑んでいく活動のことをいう。

いかに自分の思いが他者に伝わりにくいか。そのために子どもなりに試行しながら、仲間との関係性を取り戻そうと探っている。例えば、小学校六年のTという男子のそうした葛藤と自立への過程に寄り添い、その男子との対話、その男子とリーダーたちとの交わりと対話の視点から実践記録としてまとめたのが、いまでは故人となった元小学校教諭の鈴木和夫氏の実践である（鈴木和夫『子どもとつくる対話の教育～生活指導と授業』山吹書店、二〇〇五年）。鈴木氏は、仲間ができないTとの対話を通じて、Tに、他者に自己を開くとはどういうことか、他者に通じる言葉とはどういうのを言うのか、など言語のレッスンをしている。それは同時に、クラスの仲間との関係性を学ぶレッスンの助言でもある。鈴木実践の詳細は省くが、鈴木氏とTとの対話を辿って読むと、彼はTの抱える寂しさの意味を見つめ、Tがどのように仲間と向き合い直し、そうすることでどのように自己自身と出会い直すのか、この関係性をどのようにT自身の行為として生み出していくかを援助している。鈴木氏にそうした生活指導ができたのは、言語のもつ身体性、他者への自己開示性を、鈴木氏自身も様々な苦労の中でつかみ取ったからであろうと、筆者は推察する。

3　関係性は生まれる、そして育みあい、引き出しあう

例えば文学作品の授業で、ある人物の気持ちの読み取りで子どもたちが真剣に自分の解釈をぶつけ合っている授業場面に接すると、参観させてもらっているこちらが揺さぶられることがしばしばある。その時、子どもどうしは、相手の思考経路をもイメージしながら、そこに届けよう、絡ませようと懸命に言葉を選びながら発言している。

すべての子どもたちの想像力が討論に参加することで互いをつなげ、それが一層のイメージ化を生み、国語授業特有の関係性が育まれる。しかも、それが例えばある人物の形象読みとして深まり、つながっていくのだ。だから、実際は発言していない子どもでも、うなずいたり、ちょっとくびをかしげたりしながら、体全体で聴いている。つまり、仲間の発言を聴くことは、仲間の中にいる

もう一人の彼または彼女も想いながら（あるいは感じながら）聴くことなのだ。ここのところが、学びに取り組む子ども集団として育ってきているかどうかを知る重要な手がかりなのである。

このような実践課題は、すでに教授学的に追究されてきた。学習集団に関する著述・講演で知られた吉本均氏は、授業を質的に高める方法として教師の指導性には何が必要かをいつも示そうとする教授学者であった。例えば、氏は「接続詞のある授業」「仲間に体を向けて自己を語る学習集団」などの指導のイメージ化・行為化を心がけていた。氏が好んで用いたドイツ語「ツァイゲン（zeigen）」とは「指し示す」ことである。今で言う「学びの関係性」を氏は早くから教授学的に捉えて、いまある関係性を、「明日の」（子どもたちが共同すれば育ちうる）関係性に変えていく、その「明日」の水準を「ツァイゲン」する指導を切りひらきなさい、と教育現場を励まし続けたのであった。

広島大学大学院で吉本氏の指導を受けた者として、授業を通じてその関係性を育てる教授学の世界は、今なお継承すべき重要な研究的遺産であると考える。と同時に、子どもの言語活動を主体化・活発化させるその成果は、急速に進むネット社会の言語問題に重要な一石を投じる視点であったと改めて思うのである。

すなわち、ネット社会の言語は、匿名かハンドルネームによって交わされる記号的な言語であって、佐野眞一氏が指摘するとおり、「個的なメディア」による閉じられた空間になっている（同前、四九頁）。その言語の状態を佐野氏は「誰もが手にできるけど、誰もが手にできない」（同書）と、うまく切り取っている。関係性を求めてネットの掲示板に発信するが、応答がないか、あっても記号的な断片の返信で、しかも感情的ないがみ合いしか展開しない。二〇〇八年に秋葉原事件を起こしたKという青年の、寄る辺なき根源の寂しさもそうしたネット社会の閉鎖性から来ていた。

このようなネット社会の閉鎖性に、前述した言語でつながる学びあいの体験を持つ子どもたちは、そう簡単には巻き込まれないであろうし、もし興味を引かれても、すぐに戻ってくる自分たちの言語の世界を持っている。つまり、他者に自己を開きその応答が生み出す社会的な関係性をじかに体験している。この個どうしのつながりと目的の共有化が子どもたちを変えていくのである。

4　提言

(1) 参加民主主義の主体となる言語教育を

前節の最後に述べた子どもたちの主体性を一人ひとりの中に育成することが、参加民主主義の基礎となる。文脈のない多数の情報シャワーを浴び、物的・精神的欲望をそそる刺激が行き交う現代社会において、確かな考えと思いをもち、それを自分の言葉で表現できる個人を育てること。国語授業はこのような明確な教育目標をもつべきである。

特に、概念の獲得・形成と自由な主体の関係が大事だ。言語の本質的な働きは、概念を形成すること、概念によって思考することであり、さらには概念を批判し問い直すことである。これらはすべて、私たちが主体として自由であることの何よりの証である。国語授業はその基礎を築いていくための重要な教科領域だと言える。子どもたちに言葉を習得させ、話し合わせ、討論を引き出すことは、彼や彼女の中に、自由の精神の芽を育てていることなのである。

(2) 学びを物語として記録する授業

ここでいう「記録」は、新学習指導要領が言語活動の一環としてあげている書く行為としての「記録」ではない。学級の歴史としての記録である。「ヒストリー」の語源といわれる「ハイ・ストーリー」のことである。

個々の教科の時間も、それらが積み重なる数時間に及ぶ探究も、いずれも子どもたちの学習運動である。クラスでの学びには、そういう歴史性がもともとある。時間、単元でスパッと切り分けられるものではない。授業での対話や討論の言語活動が、学びのストーリーをつくりだし、一人ひとりの中に、教材認識の歴史、まさに「あのとき、誰々のどういう発言で、学びの展開がどうなった」という物語性のある記録（記憶）を生み出すのである。

このことを、授業実践者のすぐれた直観でつかんでいたのが、斎藤喜博氏の「○○ちゃん式まちがい」の実践である。○○ちゃんがつまずいたのはなぜか、それを確かめて、次には間違わないやり方をみんなで共に確認して、それを学びの成果にしていく。○○ちゃんのつまずきでみんなが一層深い理解に達することができたから、それは共有資産だというのである。単に教室は間違えるところだ式の生活指導をしたのではなく、むしろ斎藤氏は学習指導の文脈で子どもたちの学びの質的高まりを見すえ、つまずきの克服の積み重ねがハイ・ストーリー（歴史）に転じていくものだと読み取っていたのであろう。

(3) 言語活動指導のスキルに必要な事は何か

最近、若い教師のためにも言語活動の指導スキルを重視する傾向にある。本来、スキルは熟練した組織的な技術であるが、最近の傾向はその中の個々の手だてを単独に取り出し、これを伝える点にある。それを使って実践すれば、一定水準の実践に近づけると考えられている。しかし、授業のスタイルも、「教科」「教材」概念も速いテンポで変わっていく時、「今日」役立った個別スキルは「明日」にはもう古くなっているかもしれない。

そればかりか、そのスキル群が描き出す指導に自己を縛り付ける結果ともなり、自己自身が編み出していく指導観の形成の境地を持たない教師になっていく恐れさえある。言い換えれば、授業での指導スキルを「なぜ、何のために」そうするのかを自己の言葉で語れないままにそれを実行して、その作用効果をもって指導の成果だと誤認しかねない。そういう教師は、一定の経験年数を経ても、指導観も子ども観も自身の言葉では語れない。

なぜなら、その教師においては、指導言の持つ身体性、他者への自己開示性、感情表現の関係性がきわめて弱いからである。これに対しては、「そうではない、子どもが授業の課題に集中して、楽しく学べればいいのではないか。その為のスキルだ」。そういう反論がありそうだが、筆者は、それは一種の逃げだと考える。「なぜ、何のために」を問うことを止めたまたくさんのスキル群を身に付けているとしたら、その教師は授業インストラクターではありえても、専門職者としての教師とは言い難いからだ。

例えば、震災後の今、そうしたスキルを用いて子どもたちが楽しく授業に参加できれば、それをもって良好な指導として良いのだろうか。子どもたちに語る、教師の身体をくぐった指導言の開発、それを子どもとの「読み」の対決を通して追究すること。これこそが、いま本当に必要な言語活動なのではないか。これこそが、復興・復旧の過程で、希望につながる授業への道なのではないか。

スキルに当たる「技」は、もともと手だてにまでなっている仕事・働きの意味（『角川　漢和中辞典』）なのだから、（例えば教師の）仕事の考え方を基底に置いた文字である。その上での、技術なのである。スキル一辺倒は、仕事観なしの手わざの世界であって、これでは教師は、これからの文教政策の動向や授業評価・教員評価の波を主体的に乗り切れないであろう。

5　改めて国語授業の役割を問い直す

以前、ある教育集会の感想文集をいただいた中に、勤務先で行われたいじめアンケートがその後どう使われるのか疑問だと意見を述べた後、「子どもも担任も追い込まれていく時代に教師になったことを悲しく思います。（決して後悔はしていませんが）」とあった。主催者メモには、教職二年目とあった。このフレーズは、どれほど多くの言葉を費やす実践リポートよりも、また理論家の現実分析よりも、今を生きようとする若い教師の生きづらさを見事に表している。こうした若い教師に共感すればこそ、授業の指導スキルを伝え、それをものにして楽しい授業で教師自身が活き活きとして欲しいと、ベテラン陣が願うのもわかる。

しかし、若い教師の課題は、そのスキルを使う「考える」主体にどう成長するかにある。その主体的思考に支えられなければ、それは子どもへの操作に転化する。スキル自体はニュートラルに見えても、子どもが向き合う生活現実をただ擁護し、これに適応させる指導スキルならば、それ自体がすでに広義の政治性を帯びている。

『朝日新聞』二〇一二年四月十九日付夕刊に載った藤原帰一氏のコラムが示唆的だ。氏は、震災後の学者の言説に対する人々の不信感を取り上げ、「いまあるもの」を擁護する言葉ではなく、「いまあるもの」ではないものを創り出すことは可能かどうかの検討こそが「考える」ことではないのか。「まだ見えないものを語らなければ、言説への不信を打ち破ることはできない」と、研究者の「考える」役割を鋭く突いていた。

このことは、授業をなんとか子どもたちのために創り出そうとする教師にも、基本的には言えることではないだろうか。子どもたちを取り巻く現実を、また学校で扱う教材や教科を、ただそこにあるからと擁護するのではなく、教師が同僚と協力し合って、「いまあるもの」ではないものをどう学びとして創り出すかの目で授業を工夫し、教材化を図る。その学びの追究そのものが共同であり、子どもたちもそこに参加する学習主体である。

その創り出す授業においては、「アンラーニング」(unlearning) が大事だ。これは、元は臨床的な回復過程における、暴力等の被抑圧の学習から脱することを意味したのだが、学びの文脈でも、「できない」「わからない」として自己限定してしまった(そう余儀なくされた)学習体験を揺さぶり、砕き、乗り越える場合の「まなびほぐす(unlearn)」営み(鶴見俊輔『教育再定義への試み』岩波現代文庫)として使われる。例えば、文学作品で心情を読んだり、説明文の論理の流れと主題を読んだりするのがとても苦手あるいは苦痛な子どもたちは、「できない」「国語は苦手だ」と学習してしまった過去体験を、自分の力でもう一度突き抜ける必要がある。それが「アンラーニング」である。科学的『読み』の授業研究会の研究と実践自体が、今日に至るまで、そのような課題認識の下に指導の系統化を探ってきたのではないか。筆者はそう見ている。

柳田國男は、「学を『まなぶ』と読んだのは間違い。『さとる』とすべきであった」と批評している(柳田『国語の将来』)が、確かに、学習を模倣と類似させてきたのは問題である。「アンラーニング」もまた学びだ、という一段深いところでの見方が大事であり、言語に係わる生活経験や偏見などを学びほぐし、自己の概念世界を築いていく活動に、初歩的とはいえ子どもの言語を「さとる」過程がある。これが言語活動の原点である。

諏訪中央病院の名誉院長である鎌田實氏の体験は示唆に富む(『言葉で治療する』朝日新聞出版、二〇〇九年)。氏が青年医師の頃、口癖の「がんばろう」と声をかけて病室を出ようとしたら、ガン患者であるその四十代の女性が涙を流して「もうこれ以上がんばれません」と言ったという。この体験があるから、鎌田氏は、「がんばらなくていい」の接し方、つまり親身な関係性をきずくコツ、セオリーを編み出してきた。相手に接するスキルはルーティンではなく、相手への応答性を必ず持つ必要がある。言語指導の温かさは、それが子どもへの応答行為である時に生まれる。自己承認の欲求に応答するスキルを自覚した教師であれば、その国語授業は「学びほぐし」を支えるケアリング機能を十分に持っている。

【物語・小説の授業で「言語活動」を充実させる】

3 物語・小説の「比喩や反復などの表現」の技法・工夫に注目しながら「自分の考え」をもつ授業
――「スイミー」（レオ＝レオニ）（小2）

熊添　由紀子（福岡県八女市立見崎中学校）

1 「比喩や反復など」の技法・工夫を学ぶことで読む力が大きくのびる

二〇〇八年告示の学習指導要領「国語」には、「比喩や反復などの表現の工夫に気付くこと」（小5・小6）、「比喩や反復などの表現の技法について理解すること」（中1）という記述がある（ともに「伝統的な言語文化と国語の特質に関する事項」）。

「比喩や反復など」には、学習指導要領解説・国語編にあるように直喩、隠喩、反復、省略、倒置、対句、体言止め等さまざまな技法（レトリック）も含まれる。これらの技法については、これまで科学的『読み』の授業研究会でも「形象よみ」や「技法よみ」の中で取り上げてきた。

多くの技法そして工夫を子どもたちに「教科内容」として学ばせ、それを物語や小説の読み取りで生かしていくことは大切なことである。それらを知らないままに読む場合よりも、確実に子どもたちの読みは深く豊かになる。

ただし、技法・工夫をただ知識として教えただけでは、子どもたちの読む力は育たない。実際の作品（教材）を読み進める過程で技法・工夫に着目して読み深めさせる中で学ばせていくことが重要である。

阿部昇は「日本の国語科教育はＰＩＳＡ「読解力」をどのように受けとめるべきか―ＰＩＳＡ「読解力」の先進性と限界」[1]（二〇〇八年）の中で、「作品の構造や筋の展開、レトリックなどの丁寧な読み取り、節目となる部分の読み深め、テーマの把握などを丁寧にさせていく過程を欠落させたままに」皮相な「批評・評価」をさせていくことで、「かえって読むことの授業は荒廃していく」と述べている。

作品の構造、作品の事件の流れ、さらには作品のテーマなどの読み取りとの関わりの中でそれぞれの技法・工夫に着目させる必要がある。その上で批評をさせたり、自分の考えをもてるようにさせていくことが大切である。読むことの指導の中に有機的に技法・工夫の学びを位置づけるということである。

以下、「スイミー」（レオ＝レオニ）を取り上げながら、「比喩や反復など」の技法・工夫について考えていく。そしてそれとの関わりで、これも今回の学習指導要領に出てくる「自分の考え」をもつという要素についても検討していきたい。(2)

小学校低学年の「言語活動例」として「読んだ本について、好きなところを紹介すること」というのがある。中1にも「課題に沿って本を読み、必要に応じて引用して紹介すること」がある。丁寧に構造や形象や技法・工夫を読み込んだ後で「自分の好きなところを紹介」させる。そのことで子どもは自分の読み取りを対象化させ、読み取りをより定着させることができる。学級に紹介するという活動の過程で、自身の読みを対象化し整理する必要性が出てくるからである。

2　教材研究ー技法・工夫に注目しながら「スイミー」を読み深める

「スイミー」は、小学校低学年の代表的な物語である。「小さな魚のきょうだいたち」と「スイミー」の紹介からこの物語は始まる。みんな赤いのに、スイミー一匹だけは真っ黒だった。「ある日、おそろしいまぐろ」が小さな魚たちを襲い飲み込んでしまう。スイミーだけが逃げて生き残る。怖く寂しく悲しい思いのスイミーだが、海にある「にじ色のゼリーのようなくらげ」など「すばらし」く「おもしろいもの」を見ているうちに元気を取り戻す。そして新たな「小さな魚のきょうだいたち」と出会う。スイミーは「みんないっしょにおよ」ぎ、「大きな魚のふり」をすることを提案する。みんなが持ち場を守り大きな魚みたいに泳げるようになった時、スイミーは「ぼくが、目になろう。」と言って大きな魚は完成する。そして、見事にまぐろなどの大きな魚を追い出す。

「スイミー」は小2の教材として位置づいている。ただし、この教材は高学年でも中学生でも十分読み応えのある質の高さをもっている作品である。

この教材は、導入部―展開部―山場の部の三部構造になっており、クライマックスは「ぼくが、目になろう。」である。比喩や倒置等の技法・工夫が多く使われている。

導入部では、事件展開につながる設定がされているが、特に重要なのは次のスイミーの人物紹介である。

みんな赤いのに、一ぴきだけは、からす貝よりもまっくろ。

スイミーが黒いことを紹介するだけなのだから「スイミーは黒かった。」と短く述べるだけでいいはずだが、かなり丁寧に技法・工夫を駆使して黒を強調している。

この中には、次のような技法・工夫が使われている。

①「みんな」と「一ぴき」が対比されている。スイミー一匹だけが目立って黒いのである。

②「赤い」と「まっくろ」が対比されている。赤と黒は対照的な色であり、一緒にいることでお互いの色がさらに際だつ色である。

③「赤いのに」の「のに」は逆接の接続助詞。前の事がらと逆の事がらを結びつける働きがある。スイミーがみんなとは違って黒いことを強調する。スイミーの異質性が読める。

④「一ぴきだけは」の「だけ」は限定の副助詞。スイミーだけ限って黒いことを強調する。

⑤「からす貝」は「からす貝のような黒」の意味で隠喩。「からす貝」にたとえることによって、からすの黒いイメージからも黒を想像しやすい効果がある。

⑥「からす貝よりも」の「よりも」は比較する基準を表す。黒いからす貝よりも黒いのである。

⑦「まっくろ」の「まっ」は接頭語。「全く黒い」の意味であり、黒を強調している。

⑧「まっくろ」は体言止め。「まっくろだった。」に比べて「まっくろ」であることを強調し、印象づける働きがある。黒以外の何物でもない色である。

以上のように、これだけ「黒」が強調されていることは、山場の部のクライマックス「ぼくが、目になろう。」

で大きな意味をもってくる。一匹だけ黒いということは肯定的に読めば個性的ということになるが、否定的に読めば一匹だけ異質であるという疎外感にもつながる。特に「みんな赤いのに」と「のに」が使われていることから、特に否定的なニュアンスを感じる。しかし、その異質性ゆえに画竜点睛としての真っ黒い目の効果があり、大きな魚はリアルに完成する。スイミーの黒い目があってこそ、襲ってくる大きな魚はスイミーたちを魚として認識するのである。

展開部に入り、比喩と反復が多く出てくる。怖く寂しく悲しかったスイミーが元気を取り戻す場面である。

けれど、海には、すばらしいものがいっぱいあった。おもしろいものを見るたびに、スイミーは、だんだん元気をとりもどした。

にじ色のゼリーのようなくらげ。

水中ブルドーザーみたいないせえび。

見たこともないような魚たち。見えない糸でひっぱられている。

ドロップみたいな岩から生えている、こんぶやわかめの林。

うなぎ。かおを見るころには、しっぽをわすれているほどながい。

そして、風にゆれるもも色のやしの木みたいないそぎんちゃく。

ここには、直喩表現と隠喩表現が使われている。そして、すべてに体言止めがある。これらの直喩および隠喩の共通点を探っていくと、子どもが好きなもの、親しみのあるもの、明るいもの、元気が出るもの、おもしろいもの、癒されるもの等が挙げられる。ここで大切なことは、いそんぎんちゃくなどがそういう明るい親しみのあるものであったということと同時に、スイミーの目にそれらのものが明るい親しみのあるものとして映っていたということである。話者は三人称だが、明らかにスイミーの気持ちに入り込んでいる。

また、体言止めは、そのものを読者にはっきりと提示するとともに、その歯切れの良さから、スイミーの前に次々とすばらしいものやおもしろいものがくりひろげられたことを表している。

山場の部では、倒置と反復が効果的に使われている。

そのとき、岩かげにスイミーは見つけた、スイミーのとそっくりの、小さな魚のきょうだいたちを。

倒置によって、まず「見つけた」喜びが強調される。読者に「スイミーはいったい何を見つけたんだろう！」と期待させる効果がある。倒置という技法が山場の始まりを示している。技法が大切な事件の節目に使われているのである。

スイミーは考えた。
いろいろ考えた。
うんと考えた。

ここには反復が使われている。「考えた」の反復の効果があると同時に、「スイミーは」「いろいろ」「うんと」と漸層法的な効果もある。つまり時間の経過とともに、「考えた」内容が深く広まりを見せ、スイミーが生まれて初めて全力ですさまじく深く「考えた」ことを表している。

そしてクライマックスに向かっては倒置法が続く。

それから、とつぜん、スイミーはさけんだ。
「そうだ。みんないっしょにおよぐんだ。海でいちばん大きな魚のふりをして。」

スイミーは教えた。けっして、はなればなれにならないこと。みんな、もちばをまもること。

みんなが、一ぴきの大きな魚みたいにおよげるようになったとき、スイミーは言った。
「ぼくが、目になろう。」

倒置を連続させることによって、クライマックスに向かって緊迫感を高めていく効果がある。

クライマックスは「ぼくが、目になろう。」である。まずは、「～スイミーは言った。」と「ぼくが、目になろう。」が倒置的な順序になっている。「スイミーは言った。」で何を言ったかを知らせないままにスイミーが何か言ったことだけを予告する。そして、「ぼくが、目になろう。」となる。読者に「スイミーはいったい何を言ったんだろう！」と思わせる効果がある。

また、この「目になろう」の「目」は、大きな魚の目という意味と同時に隠喩的な意味ももつ。「目」とは、「中心」という意味であり、また、「ものを見分け判断する力」という意味である。つまり、ここでスイミーはみんなのリーダーになることを自覚する。リーダーとは、組織力があり、進むべき方向を見通す力があり、行動したことの責任を引き受ける覚悟のあるもののことであり、スイミーはここでリーダーになることを宣言するのである。「スイミー」は、自分の個性を生かし、リーダーとして自覚をもつようになったスイミーの成長の物語である。

構造よみでクライマックスを決定していくとき、この「目」が隠喩的に暗示しているものを考えることを通して、子どもたちはここがクライマックスであることに納得した。

3　ここで子どもたちに身につけさせるべき国語の力＝教科内容は何か

この教材で子どもたちに身につけさせるべき国語の力、つまり教科内容は、概ね次のとおりである。

(1) 比喩—隠喩と直喩

ここでは様々な比喩が使われているが、重要なのは「元気をとりもど」す際に見たものに使われている複数の比喩表現と、それらの共通性である。

比喩は対象を豊かに描写するだけでなく、話者が寄り添っている主人公の気持ちの変化が比喩に顕在化するということも大切な点である。

たくさんある比喩表現の共通性に着目する。

(2) 体言止め

体言止めは、ここでは「くらげ」「いせえび」等を歯切れ良く読者にはっきりと提示する。それらが次々とスイミーの前にくりひろげられたことを表している。また、余韻を残しながら強く読者の印象に残ったり、あえてくどく説明しないことで読者のイメージを広げさせたりする効果がある。

(3) 倒置

ここでは、倒置が特に山場に入って多く使われる。倒置を連続させることによりクライマックスに向かって緊迫感を高めている。また、倒置になることで前の事柄と後の事柄が同時に強調される。クライマックスでは「〜スイミーは言った。」で読者に「スイミーはいったい何を言ったんだろう！」と思わせる効果があり、同時に

「ぼくが、目になろう。」に読者の意識が集中する。

4　技法・工夫に注目しながら「スイミー」を読み深めた授業の記録

「スイミー」は小2の教材であるが、あえて中1で授業を行った。以下その記録の一部を紹介する。

授業日時　二〇一二年三月一五日（木）4時限目
授業学級　福岡県八女市立見崎中学校　1年2組
（男子一一名・女子一三名、計二四名）
授業者　熊添由紀子

導入部の一文の表現上の工夫を読む授業である。黒板には、次の一文を書いた。

みんな赤いのに、一ぴきだけは、からす貝よりもまっくろ。

教師①　この中に最低でも六つの表現上の工夫があります。まずは一人で、次にグループで話し合ってください。はじめ！

（1分後）では、班ごとに出し合ってください。（子どもたちは話し合いを始める。教師は机間指導）

（4分後）

子ども　まず、体言止め。「まっくろ。」がそうです。

教師②　体言止めにすることで、どんな感じがしますか。

子ども　「まっくろ」が強調されている。黒以外の何色でもない感じ。

教師③　ここにはもう一つ工夫があります。

子ども　「まっくろ」の「まっ」。ただの「くろ」に比べて黒々とした感じがする。

教師④　この「まっ」は接頭語です。「全く黒い」の意味であり、黒を強調しているのですね。

子ども　他に、「赤い」と「まっくろ」が対比されています。対照的な色であり、ここでも黒が強調されています。

子ども　他に「みんな」と「一ぴき」も対比されています。ここからスイミー一匹だけが目立って黒いことがわかります。

教師⑤　そうですね。ここは対比を使ってスイミーが黒いことを強調しているのですね。

子ども　「一ぴきだけ」の「だけ」もみんなとは違って

いることが強調されているようです。

教師⑥　「だけ」のような言葉を助詞と言います。他に助詞に気づきませんか。

子ども　「赤いのに」の「のに」も助詞だと思います。スイミーだけがみんなとは違っているということが強調されている感じがします。

子ども　「からす貝よりも」の「より」も助詞だと思います。「より」はからす貝の黒とスイミーの黒を比べて、スイミーの黒の方が黒いと言っています。

教師⑦　そうですね。助詞を工夫することで、スイミーが黒いことが強調されているのですね。

子ども　「からす貝」はからす貝のような黒という意味なので隠喩だと思います。「からす貝」の「からす」は黒いイメージなので、ここもスイミーが黒いことを強調しています。

教師⑧　このように「スイミーは黒かった。」と表現してもいいところを、いろいろな表現の工夫を使って黒を　強調しているのです。ではなぜ、こんなにスイミーが　黒いことを強調していると思いますか。

子ども　スイミーが目になるから。

教師⑨　そうですね。既に構造よみで確認したように、クライマックスは「ぼくが、目になろう。」ですが、このように真っ黒な目であることが画竜点睛的な意味をもって大きな魚が完成するのですね。

5　技法・工夫は作品の構造やテーマにかかわる ―技法・工夫の読みから「自分の考え」へ

子どもたちは、技法や工夫を読むことを通して、それが作品の構造や山場の部のクライマックス、作品のテーマとも深く関わることに気づいていく。

導入の人物紹介では、「みんな赤いのに、〜まっくろ。」に多くの仕掛けがあることを学ぶだけでなく、その異質性がクライマックスにつながる伏線であること、それが主要なテーマの一つでもあることを学んでいく。

この作品の主要なテーマとは、自分の個性を生かしながら、リーダーとしての自覚をもって仲間と大きな魚を完成させたスイミーの成長である。

最後に吟味よみとして、それまでの技法・工夫や構造、テーマの読みを発展させていく形で、この作品について「自分の好きなところを紹介」する活動を指導する。作品を自分がどうとらえたか「紹介」をする中で、この作品を再度見直すことができる。それが「言語活動」の良さであり、それはやがて批評にもつながっていく。

同じ「紹介」でも、ただ恣意的に「好きなところ」や「感じたこと」を紹介するのではなく、これまで読んできた技法・工夫や構造、テーマと関わらせながら「紹介」することが重要である。作品の本文とその仕掛け（技法・工夫や構造等）に根拠を求め、できればその部分を引用しながらの「紹介」が望ましい。その中で、子どもたちはより確かな国語の力を身につけていくようになる。

たとえば、次のような紹介が出てくる。

> 小学校のころは、ただの物語だと思っていたけれど、スイミーの成長の物語だったんだと分かって、小学校の頃より楽しく詳しく読めたので良かったです。特に「ぼくが目になろう。」には隠喩的な意味もあったんだとわかりました。今までいろいろな物語を読んできて、こんなに国語って面白かったんだと思いました。

> 小学校で読んだ時と比べて、「スイミー」の名前の意味やスイミーだけがなぜ逃げることができたのか、まぐろを「ミサイルみたいに」とたとえてある意味など、深く読むことができました。スイミーが元気を取りもどすきっかけとなった面白くて楽しいものは、直喩法が良くできていて、隠れている隠喩法も深いなと思いました。

注

（1）阿部昇「日本の国語科教育はＰＩＳＡ「読解力」をどのように受けとめるべきか—ＰＩＳＡ「読解力」の先進性と限界」『国語授業の改革８』二〇〇八年、学文社、五～二〇頁。

（2）以下の阿部の論文に基づき、熊添が再構成した。阿部昇「新学習指導要領『国語』をどう読み解くか」『国語授業の改革９』二〇〇九年、学文社、六～一八頁。阿部昇「国語科の教育内容の系統性は一〇〇年間解明されてこなかった」『国語授業の改革10』二〇一〇年、学文社、六～一七頁。

【物語・小説の授業で「言語活動」を充実させる】

4 物語・小説の「登場人物」の性格、相互関係、描写、設定等に注目しながら「想像」を広げ、「自分の考え」をまとめる授業
――「ごんぎつね」（新美南吉）（小4）

永橋和行（京都府・立命館小学校）

1 学習指導要領における「読むこと」の指導事項

小学校学習指導要領「国語」における各学年の「読むこと」の指導事項の中の「文学的な文章の解釈」に関する指導事項は次のようになっている。

場面の様子について、登場人物の行動を中心に想像を広げながら読むこと。（小1・2）

場面の移り変わりに注意しながら、登場人物の性格や気持ちの変化、情景などについて、叙述を基に想像して読むこと。（小3・4）

登場人物の相互関係や心情、場面についての描写をとらえ、優れた叙述について自分の考えをまとめること。（小5・6）

登場人物の読み取りについて、各学年に「系統性」を重視する観点から位置づけたことは評価できる。秋田大学の阿部昇が「国語科の教科内容の系統性は一〇〇年間解明されてこなかった」[1]で指摘しているように、学習内容の系統性の重視は歓迎すべきことであると思う。物語・小説の読みにとって「登場人物」にこだわることは重要なことである。登場人物（主人物）の言動や心情の変化によって、話が進んでいくことが多いからである。

ただし、これらの「系統性」については多くの課題が残るとも阿部は指摘している。私も賛成である。阿部はさらに、「登場人物の行動」「登場人物の性格や気持ちの変化」「登場人物の相互関係」「登場人物の言動の意味」「登場人物の設定の仕方」、これらは元来、学年別に配列

すべき要素ではない。すべてについて、低学年から十分指導可能なものである。低学年からこれら諸要素を位置づけながら、それぞれの要素をレベルアップしていくという「系統性」こそが求められると述べている。

その阿部の指摘に沿って小学校教材で有名な「ごんぎつね」（小4）について、どのような視点で「登場人物」の読みの指導を展開していけばよいのかを提示したい。

2　「ごんぎつね」（小4）で読み取らせるべき「登場人物」の「設定」「性格」「相互関係」

この教材は、主人公のごんと兵十との気持ちのすれ違いがずっと続き、二人の思いがどんどん違う方向に離れていき、最後にやっとお互いの気持ちを分かり合える時がくるが、その時はすでに遅く、主人公のごんは死んでしまうという悲劇的な物語である。したがってこの作品では、二人の関係の変化、特に二人の相互の見方のすれ違いを読みとることが重要となる。

そしてこの作品の〈ごんの兵十に対する見方の変化〉と〈兵十のごんに対する見方の変化〉のせめぎあいを丁寧に読み取ることが作品のテーマを読む力をつけることになる。言い換えれば、人物の「相互関係」の読み取りが核となる物語なのである。

授業では、そのことを子どもたちに意識させながら、ポイントとなる語や文に着目させていく。本稿でも、以下ポイントとなる語や文に着目しつつ教材を読み込んでいく。

3　導入部におけるごんの登場人物としての「性格」「設定」を読む

導入部で、ごんは次のように紹介（設定）されている。

> その中山から少しはなれた山の中に、「ごんぎつね」というきつねがいました。ごんは、ひとりぼっちの小ぎつねで、しだのいっぱいしげった森の中に、あなをほって住んでいました。そして、夜でも昼でも、辺りの村へ出てきて、いたずらばかりしました。畑へ入っていもをほり散らしたり、菜種がらのほしてあるのへ火をつけたり、百姓家のうら手につるしてあるとんがらしをむしり取っていったり、いろいろなことをしました。

ごんはもともと「ひとりぼっちの小ぎつね」である。「ひとり」ではなく、「ひとりぼっち」なのである。孤独で寂しく家族や友だちが誰もいないという設定なのである。また兵十も母を亡くして「ひとりぼっち」になるが、ごんは「おれと同じ、ひとりぼっちの兵十か。」とよけいに兵十のことを親しいと思う設定になっているのである。つまり導入部の二人の関係の設定が、後の展開部、山場、クライマックスで（兵十に対するごんの見方）と（ごんに対する兵十の見方）という相互関係の読み取りに変化していくという重要な意味をもってくる。

　また、ごんは「子ぎつね」ではなく、「小ぎつね」である。つまり体の小さい大人（青年くらいか？）のきつねである。ごんは兵十のことを自分と同じ大人（対等）と見ている可能性が高い。「夜でも昼でも、辺りの村へ出てきて、いたずらばかりし」ていたというのは、大人の小ぎつねであってもやはりきつねの習性であろうか。あるいはごんの性格であろうか。

　一方兵十は、始めはおっかあと二人で暮らしていたが、やがておっかあが死んで、ごんと同じ境遇になってしまう。

　ごんはそれまでいたずらばかりしていたが、兵十が自分と同じ境遇になったことが分かるところから、ごんの兵十に対する思いや気持ちが変わり、行動も変わっていく。しかしごんの気持ちは兵十には伝わらずに、二人の思いはどんどんすれ違っていくのである。

4　二人の関係の変化―展開部の「相互関係」を読む

兵十のおっかあの死を知り、ごんは自分がしてきたいたずらについて考え始める。自分のやったことを後悔し、ごんは厳しく自分を責める。同時に兵十に対してすまないことをしたという反省の気持ちも持つことになる。その気持ちがその後の行動につながっていくのである。

　そして少しずつ同じ境遇の兵十に対して、親しみを感じ始めるのである。それは、次の部分から読める。

> 　兵十のおっかあは、とこについていて、うなぎが食べたいと言ったにちがいない。それで、兵十が、はりきりあみを持ち出したんだ。ところが、わしがいたずらをして、うなぎを取ってしまった。だから、兵十は、おっかあにうなぎを食べさせることができなかった。そのまま、おっかあは死んじゃったにちがいない。ああ、うなぎが食べたい、うなぎが食べたいと思いながら死んだんだろう。ちょっ、あんないたずらをしなけりゃよかった。」

　しかし残念ながら、兵十のごんに対する見方は一向に変わっていかないのである。すれ違いの始まりである。つまり〈兵十に対するごんの見方〉と〈ごんに対する兵十の見方〉の相互関係の変化が始まる。

「おれと同じ、ひとりぼっちの兵十か。」

ここでごんは、自分と同じ境遇になった兵十に対して哀れであると思うと同時に親しみも感じ、兵十のために何かしてあげたいと思い始める。それはいたずらをした罪の償いと同時に兵十に近づきたいというごんの寂しさでもあるのである。

ごんは、そのすき間に、かごの中から五、六ぴきのいわしをつかみ出して、もと来た方へかけだしました。そして、兵十のうちのうら口から、うちの中へいわしを投げこんで、あなへ向かってかけもどりました。

兵十に対するごんのつぐないが始まる。しかし残念ながらその思いは兵十には伝わらなく、二人の気持ちはますますすれ違っていく。

ごんは、うなぎのつぐないに、まず一つ、いいことをしたと思いました。

ごんは、くりや松たけを兵十にあげることで、自分ではつぐないをした、良いことをしたと思っている。しかし、兵十にはそれは全く伝わることがない。それどころか、山場では全く逆の方向にことが進んでしまう。ごんの兵十への思いが強くなればなるほど、結果として二人はますますすれ違いを大きくしていく。

「いったい、だれが、いわしなんかを、おれのうちへほうりこんでいったのだろう。おかげでおれは、ぬすびとと思われて、いわし屋のやつにひどい目にあわされた。」

兵十は自分がいわしを盗んだわけでもないのに、ぬすびとあつかいをされて、さらにひどい目まであわされて怒りを感じている。が、同時に訳が分からず戸惑っている様子も感じられる。もちろんここでは、ごんの仕業であることは知る由もない。

ごんは、これはしまったと思いました。「かわいそうに兵十は、いわし屋にぶんなぐられて、あんなきずまでつけられたのか。」

ごんはこう思いながら、そっと物置の方へ回って、その入り口にくりを置いて帰りました。

次の日も、その次の日も、ごんは、くりを拾っては兵十のうちへ持ってきてやりました。その次の日には、くりばかりでなく、松たけも二、三本、持っていきました。

良いことをしたと思ったのに、結果的には兵十に迷惑を掛けることになってしまったことを気付いたごんは、そのお詫びにまた贈り物を届けるのである。逆効果であることには気付かずに。ごんはますます兵十に対する親しみを深めていく。その気持ちは兵十には届かず、ますますすれ違いは拡大していく。

「～神様が、おまえがたった一人になったのをあわれに思わっしゃって、いろんな物をめぐんでくださるんだよ。」

これは、兵十が相談をした加助の言葉だが、兵十はいつもくりや松たけを誰がくれるのかが分からず不思議に思っていたが、仲間の加助に神様のしわざと聞いて納得してしまう。まさかごんが毎日のように届けてくれていることも知らずに。

ごんは、「へえ、こいつはつまらないな。」と思いました。おれがくりや松たけを持っていってやるのに、そのおれにはお礼を言わないで、神様にお礼を言うんじゃあ、おれは引き合わないなあ。」

せっかく兵十のために毎日贈り物をしているのに、神様のおかげだと思われたらこう思うのは当然である。ここでごんは兵十に対して今までと違う感情、つまり失望感や不信感みたいなものを持ったのかもしれない。

しかし同時に自分の気持ちをもっと分かってほしいという気持ちがより強くなり、ますます贈り物を続けるのである。

5　二人の関係の変化―山場・クライマックスの「相互関係」を読む

その明くる日も、ごんは、くりを持って、兵十のうちへ出かけました。兵十は、物置でなわをなっていました。それで、ごんは、うちのうら口から、こっそり中へ入りました。

しかしごんはまだ兵十のために贈り物をし続ける。それは、贈り物をしているのは神様ではなく自分なんだと認めてほしかったとも読み取れる。もっと兵十に近づいてさらに仲良くしたかったとも読み取れる。いずれにしてもごんの兵十に対する気持ちはまだまだ変わらず、同じ仲間だと思い贈り物を続けるのである。
そして最後に、兵十は「きつね」を見つける。

そのとき兵十は、ふと顔を上げました。と、きつねがうちの中へ入ったではありませんか。こないだ、うなぎをぬすみやがったあのごんぎつねめが、またいたずらをしに来たな。（傍線・永橋）

「ごんぎつねめが」の「め」から、よほど憎んでいたことが読み取れる。また、ここで急に話者が兵十に変わっている（傍線）。兵十の気持ちをより強く、そして直接気持ちを表しているところである。また、ここでは兵十がごんを「きつね」と呼んでいることに着目したい。「人間」と「きつね」という異種の関係である。
そして、なんの躊躇もなく、鉄砲を手に取ろうとする。

「ようし。」
兵十は立ち上がって、なやにかけてある火なわじゅうを取って、火薬をつめました。そして、足音をしのばせて近よって、今、戸口を出ようとするごんを、ドンとうちました。

そして、とうとう兵十は最後の手段に出た。あれだけ悪いことをしている「きつね」なのだから鉄砲で撃つのは当然であるという考えである。二人の間には会話が交わされず、お互いの気持ちが伝わっていない。

ごんは、ばたりとたおれました。

兵十に鉄砲で撃たれて、最後の最後まで兵十と相互に理解しあえない。ごんの気持ちが兵十に伝わらずに死んでいくごん。二人の気持ちのすれ違いが決定的になるところである。

兵十はかけよってきました。うちの中を見ると、土間にくりが固めて置いてあるのが、目につきました。
「おや。」
と、兵十はびっくりして、ごんに目を落としました。
「ごん、おまいだったのか、いつも、くりをくれたのは。」

ここがこの作品のクライマックスである。「おれと同じ、ひとりぼっちの兵十か。」と思い、それまでごんが兵十のためによかれと思ってやっていた行動が全て通じないままに、決定的な出来事が起こる。
しかし、その直後に、初めて兵十にごんの本当の気持ちが伝わる。ここが、この作品の事件の決定的なところである。ここで二人の関係（相互関係）が大きく変わり決定的となり、お互いの見方や気持ちが通じ合うのである。しかしそれは死をもって分かり合えるという悲劇的な仕掛けになっている。

> ごんは、ぐったりと目をつぶったまま、うなずきました。

最後にかろうじてごんと兵十は話すことができ（会話にはなっていないが）、お互いの気持ちを確かめ合うことができるのである。死をもってお互いの気持ちを分かり合えるという悲しい結末である。

> 兵十は、火なわじゅうをばたりと取り落としました。青いけむりが、まだつつ口から細く出ていました。

青いけむりは何を物語っているのであろうか。言葉にならないごんに対する兵十の後悔の気持ちの現れであろうか。それともごんの無念さの現れであろうか。

いずれにしても二人はごんの死をもって最後にやっと分かり合えたのである。いや最後にしか分かり合えなかったのである。しょせん人間と動物は分かり合えない、いや分かり合えるのはそう簡単なことではないというテーマにつながるのである。

6　「自分の考えを明確にしながら」「感想を述べ合う」授業を創り出す

「自分の考えを明確にしながら」「感想を述べ合う」ということについては、次のように考えている。

①　まず自分でしっかり作品を読み取り、自分の考えを持つ。（時には、読み取った内容を書かせる。）

②　次に、自分の読み取ったことを学級のみんなと交流することで、（自分と同じ読み取りだ）（えっ、そんな視点では読み取らなかったな）等自分の読み取った内容がより深まったり、変化したりする。

③　そして、授業の最後に「授業の振り返り」を行い、（学んだこと・分かったこと）の他に（本日のダイヤモンド発言）という項目を設けて、学級の仲間の発言にも目を向けさせ、子どもどうしの相互評価につなげていく。

7 「性格」「設定」「相互関係」に注目しながら「想像」を広げ「自分の考え」を交流する授業

永橋自身のこれまでの「ごんぎつね」の指導にもとづいて再構成した授業の過程を最後に示す。

> 兵十はかけよってきました。うちの中を見ると、土間にくりが固めて置いてあるのが、目につきました。
> 「おや。」
> と、兵十はびっくりして、ごんに目を落としました。
> 「ごん、おまいだったのか、いつも、くりをくれたのは。」

教師①　どの文に注目しますか。

子ども　「ごん、おまいだったのか、いつも、くりをくれたのは。」です。ここから兵十のごんに対する気持ちが読み取れます。

子ども　兵十は、今までずっとごんのことを憎いと思っていたのが、ここで初めてくりをくれていたのがごんだということが分かってびっくりしたんだと思う。

子ども　びっくりしただけではなくて、ごんに悪いことをしてしまったという気持ちもあると思います。今までごんに対してそんな思いを持ったことがないので、ここはすごく大きな変化だと思います。

教師②　そうですね。ここで兵十のごんに対する気持ちが大きく変わりましたね。でも遅いね。

子ども　遅いかもしれないけど、次の文に「ごんは、ぐったり目をつぶったまま、うなずきました。」とあるから、ごんは（やっと分かってくれたんだ）と満足したんだと思います。

教師が読み取る箇所を指定して読み取らせる方法もあるが、読み取る箇所を子ども自身に見つけさせることが大切である。その方がより読み取る力が伸びる。

注

（1）阿部昇「国語科の教科内容の系統性は一〇〇年間解明されてこなかった」『国語授業の改革10』二〇一〇年、学文社、六～一七頁

（2）前掲（1）阿部昇の論文、一四～一五頁に基づき、永橋が再構成した教材研究である。

【物語・小説の授業で「言語活動」を充実させる】

5　物語・小説の「構成や展開」に注目しながら「感想」を持ち「批評」をする授業
――「走れメロス」（太宰治）（中2）

高橋　喜代治（成蹊大学）

1　はじめに

二〇〇八年改訂の中学校学習指導要領「国語」に「評価」「批評」が次に示すように明確に位置付けられた。

目的や意図に応じ、文章の展開や表現の仕方などを評価しながら読む能力を身に付けさせるとともに、読書を通して自己を向上させようとする態度を育てる（中3・読むこと・目標）

また、小学校「読むこと」の「自分の考えの形成」のオ「本や文章を読んで考えたことを発表し合い、自分の考えを広げたり深めたりすること。」も評価・批評の前段階といえる。これらには「批判」の言葉は無いが、評価、批評には批判が含まれる。阿部昇が何度も指摘しているが、批判的な内容は指導要領には初めてではないことを自覚したい(1)。

学習指導要領・国語・中3の「読むこと」の言語活動例には「物語や小説などを読んで批評すること」とある。「内容」では、ウ「～構成や展開、表現の仕方について評価する」とある。また、イ「～場面や登場人物の設定の仕方をとらえ、内容の理解に役立てる」とある。

批評と構成や展開は相関関係にあり、批評の学習には構成や展開の分析的な把握が欠かせない。もし、その分析力がないままにだと「面白いか、面白くないか」といった学習者の感情的なものに左右されるだけになりやすい。

この稿では、「走れメロス」（太宰治）（光村図書・中2）を教材として、構成や展開に注目した評価・批評の授業の指導方法について考えていく。

2 教材分析・その1―構成・構造を読む

(1) 変容したメロスが間に合う事件

「走れメロス」の構造を私は次のように読んだ。

導入	○冒頭	メロスは、激怒した。―
	○発端	聞いてメロスは、激怒した。―
事件 展開	○山場の始まり	ふと耳に、せんせん、水の流れる音―
事件 山場	◎クライマックス	私だ、刑吏！～かじりついた。
	○結末＝末尾	―赤面した。

なお、「それだから、走るのだ。～ついてこい！フィロストラトス」（光村『国語2』一九二頁一九行～。以下特に断らない場合は光村のページを指す。）もクライマックスの候補の一つと考えられる。このような構造分析から見えてくるのは、「信実」を絶対的価値に変容させたメロスが、信実の存するところを証明し得た、という物語（事件）だということである。構造よみでこのようにクライマックスを仮決定すると、読むべき事件（筋の展開）が見えてくる。どこに着目して読んでゆくか、生徒と確認しながら決めたのが後で示す一〇カ所である。そのうちの幾つかをどう読んだか述べる。

(2) 発端―不信の王と政治がわからないメロス

> メロスは激怒した。必ず、かの邪知暴虐の王を除かなければならぬと決意した。メロスは政治がわからぬ。
> （一八〇頁・一行）

「走れメロス」の冒頭は右のように「メロスは激怒した」という事件で始まる。だから読み手はいきなり物語の世界に引っ張りこまれる。そして、「必ず、かの邪知暴虐の王を除かなければならぬと決意した。」と続くから読み手は衝撃的な事件に巻き込まれることになる。このことはすでに事件が冒頭から始まった（発端）を意味する。

だが、次に「メロスには政治がわからぬ。」と続く。以下、メロスが羊飼いであること、妹がいること、メロスはその妹の結婚式の準備でシラクスの町にやって来たこと、町にはメロスの竹馬の友セリヌンティウスがいることなどが紹介される。つまり人物設定などの導入部なのである。さらに二年前にメロスが来た時よりも町がさびしいこと、老爺から王の殺人が「乱心」ではなく「不信」からであることなど前ばなし的な状況が設定される。

この作品は事件展開（筋）の中に導入部が挿入されているという構成・構造上の特徴を持つ。本当の発端は「聞いてメロスは激怒した。」（一八一頁・一七行）である。何を聞いたか。それは直前の老爺の次の言葉である。「いいえ、乱心ではございませぬ。人を信ずることができぬというのです。」（一八一頁・一三行〜）

そうすると、この物語の主要な事件は、人を信じることができない（王）と、邪悪に人一倍敏感な心を持ち、不信から人を殺すような人物を許せない、そのうえ政治がわからないメロスによって展開することになる。政治とは統治作用としての政治である。それは権謀渦巻く世界である。牧人として笛を吹き遊んでくらしてきたメロスの及ぶところではない。

3　教材分析・その2——形象を批評的に読む

(1) ひとりよがりのメロス

「町を暴君の手から救うのだ。」とメロスは悪びれずに答えた。
「おまえがか？」王は、憫笑した。「しかたのないやつじゃ。おまえなどには、わしの孤独の心がわからぬ。」
「言うな！」とメロスは、いきりたって反駁した。
「人の心を疑うのは、最も恥ずべき悪徳だ（中略）
「疑うのが正当の心構えなのだと、わしに教えてくれたのは、おまえたちだ。（中略）」　（一八二頁・六行〜）

「政治」をくぐりぬけていないメロスの「真実」は、他者意識が弱く極めてひとりよがりになりがちである。

信実を巡る王との言い争いも、メロスの主張はひとりよがりで非論理的である。苦悩のために顔は「蒼白」で、「眉間のしわは刻み込まれたように深」い王は、「疑うのが正当の心構えなのだと、わしに教えてくれたのは、おまえたちだ。」と執政の過程で身につけた人間観を示しているのに対し、メロスはただ「人の心を疑うのは、最も恥ずべき悪徳だ。」などと主観的に主張するだけである。それは、当人に何の断りもなくセリヌンティウスを身代りに置いて行く時も、妹の結婚を一方的に繰り上げてしまう時にも共通している。

(2) メロスの人間的な迷い・葛藤

無理やりさせた妹の結婚式を済ませ、「少しでも長くこの家にぐずぐずとどまっていた」いという人間的な未練の情を断ち切って、メロスは王城に向かって走りだす。自己中心的で信実の塊のようなメロスが、村と別れ、いよいよ命と引き換えに走る段になってはじめて現実的に悩み始めるのである。メロスの葛藤のはじまりである。

その後、メロスは二つの災難、障害に出会う。一つは全里程の半分にさしかかった時に行く手を遮る川の氾濫、濁流である。続いて王が差し向けた山賊の襲撃だ。だが濁流も山賊の襲撃も大きな障害にはちがいないが、これらはメロスの信実にかかわる葛藤ではない。しかし、これらの災難と襲撃はメロスを「悪い夢」へと誘い込む。

> 「〜ああ、もういっそ、悪徳者として生き延びてやろうか。村には私の家がある。…正義だの、信実だの、愛だの、考えてみればくだらない。人を殺して自分が生きる。それが人間世界の定法ではなかったか。〜」
> （一九〇頁・一五頁〜）

語り手はメロスのこの裏切りの自己合理化を「身体疲労すれば、精神もともにやられる」として異常な精神状況としているが、その異常さはメロスの村の生活と関連させられむしろ現実的である。

(3) 変容する信実—フィロストラトスの登場

メロスが災難と闘い自問自答しながら走るのは、信実の存するところを王に知らしむること、同時に友との約束を果たすことにある。それは同時に自己の命を捨てることを意味する。だが、セリヌンティウスの弟子・フィロストラトスの登場を契機にメロスは走ることの意味を変容させる。弟子がメロスにもう間に合わないから走るのを止めるよう告げるとメロスは次のように言う。

「それだから、走るのだ。信じられているから走るのだ。間に合う、間に合わぬは問題でないのだ。人の命も問題でないのだ。私は、なんだか、もっと恐ろしく大きいもののために走っているのだ。～」

（一九二頁・一九行～）

そして次のように走り続ける。

メロスは走った。（中略）ただ、わけのわからぬ大きな力に引きずられて走った。

（一九三頁四行～）

つまり、もう間に合わないことが分かっても走り続けようとするのは、「信じられている（信頼）」から、それに応えるという絶対的価値のためであり、人の命を超えたものだということである。また、それは人智を超えたものであり「恐ろしく大きい」ものであり、それはもう自分の力ではなく「わけのわからぬ大きな力」だから、「引きずられて走った。」のである。それは傍のフィロストラトスから見れば「ああ、あなたは気が狂ったか」という狂気に見えるのである。

そう変容したメロスが、間に合って、友を救い、王に改心を促したのである。

4　批評のポイントを考える

まず、2(2)で読んだ冒頭＝発端という錯時的構成法である。この構成の意味（効果）を読み取ることで批評の学習が可能となる。例えば冒頭の「メロスは激怒した」がある場合とない場合でどんな違いがあるのか比べてその差異を考えるのである。

次に3(1)や(2)で読んだ事件の展開についてである。メロスは、王に三日間の猶予（約束）をもらい、妹を結婚させるために村に帰る。この「三日間」と「村に帰る」ことの意味を考えるのである。三日間ではなくて二日間だったらどうか、あるいは四日間だったらどうか。シラクスの町は「野を越え山越え」十里の距離があることも検討する。村での結婚式は村落共同体の儀式であり、血縁関係などの関係性が最も強く意識されるところである。その祝宴だからメロスはつい寝過し未練の情も起きる。これらの事件の意味を、異なる事件展開を対置しながら評価・批評する。また、メロスは山賊に襲われるが、この事件の意味を考えてもおもしろい評価・批評の学習ができる。

3の(3)に関わって、フィロストラトスの登場の意味を検討し評価するのも面白いのではないか。メロスの変容には展開上どうしても彼の登場は不可欠だからだ。

5 批評の授業の進め方

次のように単元の指導計画を立てた。(2)

(1)構造よみ
(2)形象よみ(事件―筋の展開に沿って)
《導入部》
①導入部のよみ(冒頭＝発端、先行事件、登場人物)
《展開部》
②メロスと王の真実をめぐる対決　③未練の情
④メロスの試練(濁流と山賊)　⑤メロスの悪い夢
《山場の部》⑥メロスの走る意味の変化　⑦間に合ったメロス―クライマックス　⑧殴り合う二人の友
⑨王の改心　⑩裸のメロス
(3)吟味よみ(ここが批評の読みである)
①作品の構成・構造をめぐる批評　②作品のテーマをめぐる批評　③批評文の指導

6 構成、展開に注目した批評の授業

子どもの構成や展開に関わる疑問、批判的な意見は次のようなものである。

①メロスがのそのそと王城に入って行ったのは不自然。
②セリヌンティウスは重要なので詳しく書かれるべきだ。
③王の改心が軽い。おまえらの望みは叶ったぞとか、仲間にしてくれ、などというのはリアリテイがない。
④メロスは「悪い夢」をみたことを謝るが、でも村を離れるときの未練を持ったことも裏切りではないか。
⑤群衆が、「王様万歳」と歓声をあげるのは理解できない。町を恐怖に陥れた王を簡単に許し喜べるのか。
⑥山賊の襲撃は王の指示であったように読めるが、そうすると山場の王の言葉やメロスとの対決のところで読んだ王の心の傷の深さと整合しない。

二〇一〇年六月十五日の三時限目に朝霞地区医師会立朝霞准看護学校で行った授業記録を紹介する。(　)内は高橋の解説である。

教師①　③と⑤の意見がとても多かったのでここにかか

わってもっと考えてみよう。では、この王の改心の部分がなかったらこの物語はどうなる？

生徒　まず、その前の部分が変わる。「暴君ディオニスは、群衆の背後から二人のさまをまじまじと見つめていた」となる。「王様万歳」もなくなる。

教師②　なるほど、そうだよね。じゃ、そう変えて読んでみよう。どう？

生徒　ない方が、なんか、よいような気がする。すっきりする。王様の改心の言葉がなくても、二人の様子をまじまじと見ていれば、信実はある、ということを認めざるを得ない。

生徒　でも、そうすると王様の改心の内容は読み手には分からないのでは？

教師③　どういうこと？

生徒　王様は「おまえらの望みはかなったぞ」と言っている。それは、二人が信実はあるんだということを証明しようとしたことだと思うけれど、更に「仲間の一人にしてほしい」とまで言っている。これは王様がただ改心しただけじゃなく、「人は信じられる」という側になりきって生きるという感じになる。

教師④　なるほど。王様は二人の様子を見て、やはり信実というものがあって人は信頼できるということを再確認しただけじゃなく、そういう側に入りたいという強い意志を表している。

生徒　いや、それは違うんじゃない？王が知っているのは、結果として間に合ったことだけで、その間のメロスの苦労や心の葛藤は知らない。そのうえ、メロスの信実が命や間に合うということを超えているということも知らない。そんな王様にこんなことを語らせたらいけないと思う。

教師⑤　そうするとここの部分はないほうがよい、ということ？もう少し、前の事件を振り返って考えてみて。例えば、王とメロスの対決の場面とか…。王はなんで人を信頼できなくなったの？人を殺すほど…。

（発言が山場の部分だけに集中してきたので王の人物形象に注目させるため前の事件展開への注目を促した）

生徒　王様が、家来や家族まで疑い殺すようになった原因は「疑うのが正当な心構えなのだと教えてくれたのは、おまえたちだ」と。

教師⑥　そのうえ、為政者としていろんな裏切りや不信を経験している。そんな王様だったら、二人の様子からすべてを理解したとしても不思議じゃないかも？他にどう？

生徒　王は、メロスを襲撃して殺そうとした。そんな卑怯な王がメロスたちを許すなんて、おこがましい。

生徒　でも、王様は、そんな自分を恥じているんじゃない？王様が襲わせたのはもしかしたらあのメロスなら帰ってくるかもしれないという不安とともに、どこかで信実への期待をしていた。ゆれていた。だから、襲わせたし、それでも帰ってきたメロスの裸の姿に心から興奮して思わずああ言った。

教師⑦　だから、この部分は？

生徒　あっても不自然ではない。あった方が王の心情がわかって、納得できる。

教師⑧　他に、どう？

生徒　未練の情のところで、メロスは妹たちや村との別れにとっても苦悩している。それは人間として当然のことで、もう二度と会えないことを考えると…。そういうメロスの人間としての悲しさや辛さのことを分かっている。

生徒　でも、そのことを王様は知らないよ。

教師⑨　確かに王は知らないけれど、語り手は？

生徒　知っている。

教師⑩　語り手がそこを語りたかったから、語った。作者も語らせたと考えられる。では、今まで話し合ってきたことを、みなさんはもう一度この部分があった方がよいか、ない方がよいか、考えて書いてください。

（この授業での批評の学習目標は、生徒たちが王の言葉や態度を作品としてどう評価するかにある。それは作品の事件の書かれ方の検討の深さに比例するが、最終的には、批評文を書き内実化を図ることがよい。だから、最後に書くことを指示した。）

注

（1）阿部昇は「新学習指導要領国語をどう読み解くか」の中でこのことを指摘している。『国語授業の改革9』二〇〇九年、学文社、一四頁

（2）阿部昇の「物語・小説を吟味する力」を参考にして構築した。『国語授業の改革4』二〇〇四年、学文社、六一、六二頁

【物語・小説の授業で「言語活動」を充実させる】

6 物語・小説を読み深め「引用」をしながら「紹介」「推薦」の文章を書いていく授業
——「星の花が降るころに」(安東みきえ)(中1)

岩崎 成寿(京都府・立命館宇治中学校・高等学校)

1 学習指導要領における「紹介」「推薦」する言語活動

小学校「読むこと」の言語活動例(抜粋)

第1学年及び第2学年	第3学年及び第4学年	第5学年及び第6学年
オ 読んだ本について、好きなところを紹介すること。	エ 紹介したい本を取り上げて説明すること。	エ 本を読んで推薦の文章を書くこと。

中学校「読むこと」の言語活動例(抜粋)

第1学年	第2学年	第3学年
ウ 課題に沿って本を読み、必要に応じて引用して紹介すること。	ア 詩歌や物語などを読み、内容や表現の仕方について感想を交流すること。	ア 物語や小説などを読んで批評すること。

新学習指導要領「国語」では、学習した作品を「紹介」「推薦」する言語活動が、小学校・中学校を通した「読むこと」指導の一環として位置づけられている。

小学校および中学校「学習指導要領解説・国語編」は、これらの言語活動について次のように解説している。

実際の本の紹介文、本の帯などの実物をモデルとして示したりして、そこから紹介文の書き方の要素を見付け出させるなど自らの気付きを大切にした学習が進められるようにすることが求められる。(小1・2)

この言語活動では、なぜ紹介したいのかという、紹介するのにふさわしい理由を十分説明することが必要となるので、選んだ本の内容や構成全体をよく理解することが欠かせない。そのため、例えば、必要な文や語句を書き抜いたり、要約したり引用したりするなどの準備が必要となる。（中略）に紹介するに当たっては、本を提示したり、要約や引用した部分のページをめくって見せたり、音読したりするなどして、紹介が効果的に行われるよう工夫をさせるようにする。
（小3・4）

本をよく読み込み、相手に伝わるような構成や推薦するための言葉などに注意して叙述を整えることが欠かせない。（中略）推薦の方法としては、本の帯や広告カード（ポップ）、ポスターや読書郵便、リーフレットやパンフレットなどが考えられる。
（小5・6）

『引用して紹介する』活動を通して、他人とものの見方や感じ方に違いがあることを学んだり、新しい発見をしたりするなど、考えの広がりや深まりを生む授業が展開できる。表現方法としては、本の帯や広告カード（ポップ）作り、ブックトークなどが考えられる。
（中1）

以上を概観した上で、新学習指導要領における物語・小説を「紹介」「推薦」する言語活動について、課題を明らかにする。

第一に、「読むこと」指導の延長上に「紹介」「推薦」する表現指導を位置づけている点は評価できる。「紹介」「推薦」は、作品・文章を深く読めていなければ本来できない行動であり、「読むこと」指導がその前提となる。

第二に、小学校・中学校を通して九年間の系統性が不明確である。作品を「紹介」「推薦」する活動としては、中1までである。中3「批評」を「紹介」「推薦」の最終段階とすることは理解できるが、中2「感想を交流」する活動は、「紹介」「推薦」の流れから外れる上、「感想」という主観に依拠した表現指導になっている。むしろ、「批評」をゴールとして、「紹介」「推薦」する活動の系統性を段階的に構想すべきである。

第三に、「話すこと」「書くこと」との指導の関係が不明確である。中1までの作品を「紹介」「推薦」する活動の中で、小学校低学年から中学年では「話すこと」、高学年では「書くこと」、中1では両方が指導内容となっている。しかも、「書くこと」においても、「本の帯や広告カード（ポップ）」「リーフレット」などが表現方法となっており、純粋に文章を書かせる指導は構想されていない。「書くこと」をベースに「話すこと」を位置づけ並行して指導すること、文章を書くことをベースに本の帯や広告カード作りを指導することが重要である。

第四に、どういう学力を身につけさせようとしているのかが不明確である。例えば、低学年で「紹介文の書き方の要素を見付け出させる」、高学年で「相手に伝わるような構成や推薦するための言葉などに注意して叙述を整える」とあるが、その内容がどこにも示されていない。それこそが身につけさせるべき学力なのである。

2 「読書紹介文」を書かせる指導試案

本稿では、「紹介」「推薦」を同義と捉え、そうした文章を「読書紹介文」と呼ぶこととする。

(1) 「読書紹介文」の性格と特徴

新聞の読書欄に掲載されている紹介文を見ると、そこには共通する特徴がある。『朝日小学生新聞』（二〇一二年四月二一日付）から引用する（記号付与・傍線引用者）。

〔A〕『ゆうれいのまち』（作　恒川光太郎、絵　大畑いくの）　真夜中に、友だちが窓をノックす。今夜、森の向こうに幽霊のまちが現れるので遊びに行こう、ですって。行ったら、つかまって、幽霊のまちで暮らすことに。遊んで、歌って、大人になって、もとの世界も忘れて。すると、ある真夜中、また窓が……。大人のホラー小説の書き手が、「怪談えほん」で不思議な夢を見せてくれます。夜一人でおトイレに行けるなら、低学年もどうぞ。（岩波書店）

〔B〕『ぼくらのC計画』（作　宗田　理、絵　はしもとしん）　政治家の悪事などをあばく『黒い手帳』。それを手に入れた「ぼくら」は、手帳のかくし場所をナゾナゾで示し、新聞社やテレビ局に送ります。地球の環境をきれいにする「C計画」って？　手帳をうばおうとする、おっちょこちょいの殺し屋たちと、英治らの知恵比べが始まります。一九九〇年の作品をもとに、書き加えたり書き改めたりしました。（角川つばさ文庫）

以上は編集部の大人が書いたものだが、同紙には「子ども書評委員」による「この本いいよ」という紹介文もある。次の文章は小学校5年生が書いたものである。

〔C〕笑わない人いないはず

『ブンとフン』（著　井上ひさし、新潮文庫）

　あまり売れていない小説家、フン先生が生み出した小説の主人公ブン。職業は大泥棒。月に瞬間移動したり、自由の女神の持つたいまつを巨大なソフトクリームに変えたりと、かれいな犯行を見せてくれます。

　小説『ブン』は大ヒットし、12万部の売れ行きをみせますが、1冊につき1人のブンが飛び出し、世界中に散って「おかしな世界」に変えてしまいます。

　この小説を読んで、クスリとも笑わない人は絶対にいないでしょう。終わり方までおもしろいです。

一般紙の読書欄に掲載されている書評も基本的には同様の書かれ方をしていると言ってかまわない。

　以上の例から言える「読書紹介文」の最も重要な特徴は、「知的好奇心を刺激する工夫」が施されているという点である。

　薄井道正は、次のように指摘している。

> 何らかの〈問い〉を設定し、それ（ママ）対して〈答え〉を出す。これが文章の最もシンプルで論理的な構造ではないか、と考えているのである。
>
> 　今、私の手元に九七年八月の「岩波書店の新刊」というパンフがある。次に挙げるのは、その中の幾つかの「新刊案内」の文章である。（中略）
>
> 　このような書籍案内・公告（ママ）に見られる〈問い〉は、（受け手の）「その本を読んでみたい」という知的興味や好奇心を誘い、駆り立てる役割を担っている（※）。つまり、〈問い〉は受け手を送り手の側に引き込む重要な装置（仕掛け）なのである。
>
> ※その〈問い〉が「謎かけ」的な要素を含むものであればあるほど、その〈答え〉を知りたい（その本を読みたい）と強く受け手に思わせる。[1]

　薄井の指摘するとおり、〔A〕〔B〕の傍線部は〈問い〉もしくはそれに近い形となっている。読者の「知的興味や好奇心を誘い、駆り立てる」工夫である。

　末尾の一文も重要である。〔A〕の末尾はユーモアで余韻を残す表現、〔C〕では「おもしろい」ことを印象づけている。末尾の一文をどうするかは重要である。

文体は、字数制限の影響もあり、体言止めや省略を多用し、短文を連ねている。また、親しみを感じさせるために、話し言葉を使う傾向がある。

〔A〕～〔C〕のような二〇〇字程度の場合、構成は、「あらすじ」が九割以上を占め、残り一割は作品を意味づけたり評価したりする「まとめ」から成っていることが多い。〈前文〉なしの、〈本文〉〈後文〉の二部構成と言える。もちろん、字数が増えれば、〈前文〉として作品の概要を紹介してからあらすじの説明に入ることもある。しかし、通常、短い読書紹介文でも例外なく書名・作者名が冒頭に示されるので、それを〈前文〉として扱うことを教えればよい。二〇〇字程度でも、〈前文〉を書くことは可能である。

『グレイメン』石川智健　著

受賞作を海外出版するゴールデン・エレファント賞の第2回大賞作品。スリリングな展開を通して、「復讐《ふくしゅう》」とは何かを問い掛ける。

職場での執拗ないじめに苦しみ、自殺を決意した遼太郎。謎の男「グレイ」との出会いによって救われ、その壮大な計画に参加していく。

描かれるのは、強者が弱者を苦しめ、利益をむさぼる不条理な世界。実際に起きた事件を思わせる出来事も描かれ、著者の怒りと問題意識を感じさせる。今後への期待が高まるデビュー作だ。[2]（枻出版社）[2]

この文章の場合は、作品の位置づけや主題を〈前文〉でまず述べている。

あらすじ紹介では、未読者を対象とする性格上、山場に入る直前で止められ、クライマックスがどうなるかは当然伏せられることが多いだろう。まとめは、〔B〕のように作品成立の経緯が述べられることもあるが、「読んで欲しい」という筆者の思いから〔C〕のように作品の価値を肯定することが多くなるであろう。

なお、読書紹介文は、作品の内容を伝達することを目的とするので、説明文の一種であると言える。ただし、多くの場合、単なる伝達にとどまらず、「作品を読んでいない読者」を対象に「読みたい気持ちにさせる」ことをめざすという性格をもつ。そのため、構成・文体・語彙に独自の工夫を凝らすことになり、結果的にエッセイ

（随筆）に近い説明的文章となる。そこで、読書紹介文を「説明的随筆」の一種と定義する。

(2) 作品読解

作品を第三者に紹介する以上、その作品が読めており、紹介したいポイントを考える材料を持っていることが前提となる。構造よみ・形象よみ・吟味よみの視点で作品を分析することが有効である。

構造よみでは、作品全体を俯瞰しクライマックスに仕掛けられた作品の特徴を読みとる。形象よみでは、人物や事件の描かれ方、文体・レトリック、主題を読みとる。吟味よみでは、作品を対象化し、評価及び批判を行う。

高校段階になれば、作品を批評する読書紹介文を書く力が必要となるが、今回は小学校高学年から中学生の範囲を想定しているので、構造よみおよび形象よみによって作品を読解することを読書紹介文の前提とする。

(3) 読書紹介文を書く方法（型）

①構成は、「書名・作者名＋あらすじ＋まとめ」の三部構成を基本とする。

②あらすじは、導入部の形象よみの四要素〈時・場・人物・事件〉、つまり〈いつ・どこで・だれとだれが・どうしたか〉を基本にまとめる。

③あらすじでは、事件の全てを述べるのではなく、クライマックスの直前までを述べ、「この後どうなるかお楽しみに」と読者の興味を喚起することがポイントとなる。

④まとめでは、作品の価値やおもしろさを読者に語りかけることを基本とする。主題を暗示的に示すことも有効である。

⑤文体は短文を基本とし、疑問文や体言止めを使用する。

⑥引用は、本文の中で形象性が高く、特に主題に関わる表現を抜き出すのが効果的である。

(4) 表現形態は文章が基本

表現形態として「本の帯や広告カード（ポップ）、ポスターや読書郵便、リーフレットやパンフレット」が例示されているが、それらの方法は、レイアウトやキャッチコピーなど、国語の基礎学力を超えた要素を含むので、注意が必要である。あくまでも、基本となる読書紹介文を書く力をしっかり身につけさせることが先決である。また、「話す」力の養成をめざす読書紹介スピーチも同様であり、原稿をしっかり書かせることが基本となる。

3 教材に即した指導の具体的イメージ

(1) 教材「星の花が降るころに」紹介

中学一年生の「わたし」は、小学校以来の親友だった「夏実」と、小さなすれ違いをきっかけに仲直りできないでいた。ある日、意を決して声をかけたものの、タイミングが悪く無視される形になる。その時、「わたし」は落胆する自分の様子を、「戸部君」が見ていることに気づく。普段から彼に反感を抱いていた「わたし」は、弱みを握られたと思い、「どこまでわかっているのか探るために、放課後、サッカー部に所属する彼を探す。校庭の隅で黙々とボールを磨く彼の姿を見ているうちに、「わたし」は自分が考えていたことを「ひどく小さく、くだらないこと」と考える。そして、弱みを握るどころか、冗談を言って笑わせてくれる彼に対し、背丈が「いつのまにかわたしよりずっと高くなっている」ことに気づく。

学校からの帰り道に、「わたし」は「夏実」と「二人だけの秘密基地」であった公園にある銀木犀の木の木陰に入る。そこで、掃除をしていた「おばさん」から、常緑樹は「どんどん古い葉っぱを落っことして、その代わりに新しい葉っぱをはやすんだよ。そりゃそうさ。でなきゃあんた、いくら木だって生きていけないよ」と言われる。その言葉に触発された「わたし」は、「夏実」との関係修復に執着していた考え方を見直し、他の友人ができる可能性を含めて、「どちらだっていい。大丈夫、きっとなんとかやっていける」と決意を新たにする。

(2) 指導の構想

小学校「学習指導要領解説・国語編」で前述した「紹介文の書き方の要素を見付け出させるなど自らの気付きを大切にした学習」の指導手順を述べる。

① 読解の授業で、構造よみ・形象よみを行う。
② 読書紹介文をサンプルとして二〜三編読ませ、それらに共通する特徴を考えさせ、子ども間で発表・検討させる。
③ 生徒の気づきを生かしながら、「読書紹介文を書く方法（型）」を教える。

④型に沿って、二〇〇字前後の読書紹介文を書かせる。

⑤評価する。教師の添削、生徒の相互評価などが考えられる。「文章構成ができているか」「読解をふまえているか」「読みたい気持ちを喚起できているか」などが評価基準となる。

(3) 読書紹介文例

「星の花が降るころに」　安東みきえ　作

中学一年生の「わたし」は、小学校以来の親友だった「夏実」と、小さなすれ違いをきっかけに仲直りできないでいた。九月のある暑い日、意を決して声をかけたものの、タイミングが悪く無視される結果となってしまう。「夏実のほかには友達とよびたい人なんてだれもいないのに。」絶望する「わたし」に希望を与えたのは、全く無関係の、意外な二人の人物だった……。

あなたは親友を失っても生きていけますか？　ありふれた日常の中に本当の友情を描いた物語。これを読めば優しい気持ちになれます。

このサンプル文のポイントは次の通りである。

①構成は、「書名・作者名＋あらすじ＋まとめ」である。

②「あらすじ」では、「わたし」に希望を与えた「無関係の」「意外な二人の人物」とは誰なのかに関心を引きつけるよう、「……」を用いて読者に仕掛けている。また、「わたし」の孤独感を引用によって引き立てている。

③「まとめ」では、主題を暗示しながら、作品の価値を強調している。

この他、副次的主題を暗示する方法として、「友情と恋愛の境界に揺れる物語」や、「昨日まで大嫌いだった人の真実の姿を知った時、どうする？」「他人の何気ないひとことが生き方を変える時がある。」などの表現を使用することも効果的である。

注

（1）薄井道正「論説文を読むための技法　第一部『構造読み』試論」科学的『読み』の授業研究会『研究紀要Ⅰ』一九九八年

（2）『京都新聞』二〇一二年四月一五日付

【説明的文章の授業で「言語活動」を充実させる】

7 説明文の「事物の仕組みについて説明した文章」を読みながら「順序」の意味や文章の「工夫」を発見していく授業 ――「どうぶつの赤ちゃん」(ますい みつこ)(小1)

加藤 辰雄(愛知県立大学)

1 事柄の「順序」の意味や文章の「工夫」を発見することで読む力が大きく伸びる

二〇〇八年告示の小学校学習指導要領「国語」には、「時間的な順序や事柄の順序などを考えながら内容の大体を読むこと」(小1・小2「読むこと」)と記述されている。

説明的文章では、書かれている内容を理解するうえで、ひとまとまりの内容を構成する段落の役割を理解することが大切である。改行によって示されるいくつかの文の集まりである段落を文章を構成する単位としてとらえ、その段落がどのような順序で並んでいるかを考えて読むことは、文章の構成を把握することにつながる。

また、小学校学習指導要領解説・国語編には、「『時間的な順序や事柄の順序など』とは、時間の順序や、例えば、事物の作り方の手順など文章に取り上げられた話題自体に内在する事柄の順序などに加え、どのように文章を構成しているかという文章表現上の順序なども意味する」(小1・小2)と記述されている。文章の構成を把握することの大切さを指摘しているのである。

作品(教材)を読み進める際には、書かれている内容をただ単に前から順番に読み取るよりも、文章の構成を把握しながら順番に読み取る方が、確実に子どもたちの読み取りは深く豊かになる。

すなわち、事柄の「順序」の意味が読み取れたり、読み取った内容をもとにして文章の「工夫」を読み取れたりするのである。

以下、「どうぶつの赤ちゃん」（ますい みつこ）（小1・光村図書）を取り上げながら、事柄の「順序」の意味や文章の「工夫」を発見する授業について考えていく。
小学校学習指導要領の小1・小2の「言語活動例」には、「好きなところを紹介する言語活動」が挙げられている。まずはじめに範読を聞いたり自分で読んだりして、初めて知ったこと、驚いたこと、おもしろいと思ったことなどを紹介させる。次に、しっかりと文章の読み取りをし、事柄の「順序」の意味や文章の「工夫」を発見した後で、「自分の好きなところを紹介」させる。
それによって、自分自身の読み取りの深まりに気づかせることができる。また、学級全体に紹介するため、自分自身の読み取りを整理させることもできる。

2 教材の研究

本教材は、第1段落の次の二つの問いから文章が始まる。

どうぶつの赤ちゃんは、生まれたばかりのときは、どんなようすをしているのでしょう。そして、どのようにして、大きくなっていくのでしょう。

第2段落から第4段落では、ライオンについて二つの問いに答えている。第5段落から第7段落では、しまうまについて二つの問いに答えている。
構成は、次のように「はじめ」「なか1」「なか2」となっている。「おわり」にあたる部分はない。

はじめ（問い） 第1段落
なか1（答え1） 第2段落～第4段落
なか2（答え2） 第5段落～第7段落

第2段落と第5段落では、生まれたばかりのときの様子をそれぞれ次の三つの視点で述べている。
A 生まれたときの体の大きさ
B 目や耳の様子
C 親の姿との比較
第3段落・第4段落と第6段落・第7段落では、二つめの「問い」の答えとしてそれぞれがどのようにして大きくなっていくかについて述べている。
まず第3段落と第6段落では、特に歩くときの様子について述べている。

D歩くときの様子
第4段落と第7段落では、二つめの「問い」の答えとしてあと二つの視点を挙げている。
E乳を飲んでいる期間
F自分で食べ物を捕って食べる時期

3　この教材で身につけさせたい国語の力

本教材で身につけさせたい国語の力は、およそ次の三つである。

(1) 文章全体の構成をつかむ力

本教材は、「はじめ」と「なか」（なか1・なか2）で構成されている。「はじめ」は、これからどのようなことを述べるかという問題を提起する役割をもつ。「なか」は、「はじめ」の問題に対応して具体的に答えていくところである。

子どもたちには、まず段落番号（1〜7）をつけさせ、第1段落から第2段落まであることを確認する。

次に、問いかけをしている段落を見つけさせる。本教材では「どうぶつの赤ちゃんは、生まれたばかりのときは、どんなようすをしているのでしょう。」「どのようにして、大きくなっていくのでしょう。」と二つの問いがあることに気づかせ、問いの文に線を引かせる。

一つめの問い「生まれたばかりのときは、どんなようすをしているのでしょう。」には赤い線を引かせ、二つめの問い「どのようにして、大きくなっていくのでしょう。」には青い線を引かせる。本文の内容を読み取る際に、どちらの問いについて具体的に説明しているのかを理解させるためである。

はじめ	なか	
1	2—7	
（二つの問い）	2—4　なか1（ライオン）	5—7　なか2（しまうま）

その上で「なか」が、「なか1」「なか2」に分けられることを押さえる。「なか1」と「なか2」の間に一行空きがあることから気づかせるようにする。

(2) 事柄の順序の意味をつかむ力

一つめの問い「生まれたばかりのときは、どんなようすをしているのでしょう。」の答えは、A生まれたときの体の大きさ　B目や耳の様子　C親との比較の順序になっている。まず最大の関心事は赤ちゃんの無事であるので、一番最初に「生まれたときの大きさ」が述べられているのである。次にどんな状態かということに関心が移るので「目や耳の様子」が述べられ、最後に「親との比較」が述べられている。

二つめの問い「どのようにして、大きくなっていくのでしょう。」の答えも、ライオンやしまうまが成長していく順序で述べられている。すなわち、D歩くときの様子　E乳を飲む期間　F自分で食べ物を捕って食べる時期という順序になっている。

その順序の意味を子どもたちに見つけさせる。

(3) 文章の工夫を発見する力

まず、一行空きの意味をつかませる。「問い」と「答え」の段落を明確にするために、「問い」の段落のあとを一行空きにしている。また、「答え」の段落にはライオンとしまうまが登場するので、ライオンについて述べている段落としまうまについて述べている段落の間を一行空きにしている。

二つめは、「なか1」と「なか2」が、同じ視点で同じ順序で対比的に述べられていることに気づかせる。

第2段落（なか1）―第5段落（なか2）

生まれたときの大きさ、目や耳の様子、親との比較

第3段落（なか1）―第6段落（なか2）

歩くときの様子

第4段落（なか1）―第7段落（なか2）

乳を飲んでいること、自分で食べ物を捕ること

三つめは、第4段落と第7段落は、乳を飲んでいる期間と自分で食べ物を捕っている時期の二つの内容を述べているが、なぜ別々の段落にしなかったかについて考えさせる。それは、「飲んだり食べたりして育つ」という視点から筆者は一つの段落で述べているのである。

四つめは、それぞれの段落の書き出しが「ライオンの赤ちゃんは」「しまうまの赤ちゃんは」となっていて、どの動物についての説明かがすぐ分かるように述べられていることに気づかせる。

五つめは、二つの「問い」の違いから、答えの段落の数が違うことに気づかせる。すなわち、一つめの「問い」は「生まれたばかりの様子」を問いかけているので第2段落と第5段落の一つずつで説明しきれている。これに対して二つめの「問い」は「大きくなっていく様子」を問いかけているので、成長過程を説明するために第3段落・第4段落、第6段落・第7段落と二つずつの段落を使って説明している。

4　事柄の「順序」の意味や文章の「工夫」を発見していった授業の記録

ライオンとしまうまの「生まれたばかりの様子」や「大きくなっていく様子」を対比させて読み、違いを見つけた後に行った授業である。（なお、本授業は、第3章の全授業記録に続いて行われたものである。）

授業日時	二〇一二年二月二二日（水）2時限目
授業学級	愛知県名古屋市立明治小学校　1年2組（男子一一名・女子一二名、計二三名）
授業者	加藤辰雄

黒板には、ライオンとしまうまを対比して読み取った内容を書いておいた。

教師①　この文章はみんなが読み取りやすいように、たくさんのことが工夫して書かれています。それを見つけてください。まずは一人で見つけましょう。次に、班で話し合ってください。はじめ！

（1分後）

では、班で話し合ってください。

（子どもたちは話し合いを始める。教師は机間指導）

（4分後）

子ども　ライオンとしまうまの話の間が一行空いていて、どこまでがライオンの話かがすぐにわかります。

子ども　1段落の後も一行空いています。

教師②　それは、なぜですか。

子ども　1段落は、質問（問い）が書いてあるところだということがすぐ分かるからです。
子ども　段落の初めの言葉がどれも「ライオンの赤ちゃん」「しまうまの赤ちゃん」になっていて、同じです。
教師③　それは、なぜですか。
子ども　「ライオンの赤ちゃん」や「しまうまの赤ちゃん」という言葉で始まると、何の動物について書いてあるのか、すぐ分かるからです。
子ども　2段落と5段落は、どちらも「生まれたときの大きさ」「目や耳の様子」「親と似ているか」について書いてあります。
子ども　3段落と6段落は、「歩くときの様子」です。
子ども　4段落と7段落は、乳とえさのことです。
教師④　同じことについてライオンとしまうまを比べて書いてあるね。まだ同じことがあるけど、気づいた人はいませんか。
子ども　書いてある順番が同じです。
教師⑤　もう少し詳しく言ってみてね。
子ども　生まれたときの大きさ→目や耳の様子→親と似ているか→歩くときの様子→乳→えさという順番が同じです。
子ども　一つめの質問（問い）の答えは、一つの段落に書いてあって、二つめの質問（問い）の答えは、二つの段落に書いてあります。
教師⑥　すごいことに気づいたね。それは、なぜですか。
子ども　一つめの質問の答えは、生まれたときの様子だから少しでいいけど、二つめの質問の答えは、大きくなっていく様子だから、たくさん書かないと分からないからです。
教師⑦　3段落と6段落に詳しく書けばいいのに、3 4 6 7と二つの段落に分けて書いたのは、なぜですか。
子ども　3段落と6段落は歩くときの様子で、4段落と7段落は乳やえさのことなので違う話だからです。
教師⑧　よく気づいたね。だったら4段落や7段落は乳とえさの二つのことが書いてあるので、二つの段落に分けたほうがいいんじゃないかな。
子ども　乳とえさは、どちらも赤ちゃんが大きくなるための食べ物だから、いっしょにしたほうがいいです。
子ども　一つめの質問（問い）の説明の絵は教科書の上

の方に書いてあって、二つめの質問（問い）の説明の絵は下の方に書いてあって、質問が違うことが分かるようになっています。

教師⑨ ほんとうだね。よく気づいたね。

子ども 一つめの質問（問い）も二つめの質問（問い）も、三つのことが書いてあって同じ数になっています。

教師⑩ 一つめの質問（問い）の答えの順番は、大きさ→目や耳の様子→親と似ているかになっていますね。なぜ大きさを一番最初に書いたのかな。

子ども 赤ちゃんがどのくらいの大きさで生まれたかということが、一番心配だからです。

教師⑪ 目や耳の様子が二番めに書いてあるのは、なぜ。

子ども 目や耳のことが、親と似ているかより大事だからです。

教師⑫ 二つめの質問（問い）の順番では、どうですか。

子ども 歩けるか→乳→えさという順番は、赤ちゃんが 大きくなっていく順番になっています。

5 事柄の「順序」の意味や文章の「工夫」の発見から自分の考えをつくり紹介する

子どもたちは、問題提起の「はじめ」と「なか」（答え）との関係をつかんだり、ライオンとしまうまを対比しながら読んだりすることによって、文章内容の大体を理解する。さらには、「わかりやすく書いているところをさがそう」の学習をすることによって、事柄の「順序」の意味や文章の「工夫」を発見していく。

これらのことをもとにして、「自分の好きなところ」と「文章の工夫で発見したこと」をセットにして紹介する活動を指導していく。「好きなところ」だけを紹介すると、感想めいたことばかりが出てきて、「わかりやすく書いているところをさがそう」の学習内容が生かされてこないからである。

筆者が分かりやすく書いている文章の順序や工夫の発見を「紹介」の中に入れていくことによって、子どもたちはこの文章を客観的に再度見直すことができる。

「自分の好きなところと文章の工夫で発見したことを紹介」する活動では、次のような紹介が出てきた。

わたしが好きなところは、ライオンの赤ちゃんが子ねこぐらいの大きさで、目や耳も閉じていて弱々しくて、お母さんに似ていないところです。どうしてかというと、ライオンは動物の王様だから、赤ちゃんももっと強そうでしっかりしていると思ったけど、全然ちがっていたからです。
　ライオンのことを先に書いたのは、みんなが思っていることとちがうので、みんながびっくりするからだと思います。

　僕がすきなところは、しまうまの赤ちゃんが、生まれて三十分もたたないうちに自分で立ち上がって、次の日には走るようになり、強い動物におそわれてもお母さんや仲間といっしょに逃げることができるところです。どうしてかというと、生まれて次の日には教科書の絵にかいてあるようにお母さんといっしょの速さで走っているからです。
　ライオンの赤ちゃんが、自分では歩くことができなくて、よそへ行くときはお母さんに口にくわえて運んでもらうのとは、全然ちがっています。ライオンと比べて書いてあるので、しまうまのすごいことがわかります。

「好きなところ」と「文章の工夫で発見したこと」をセットにして紹介する言語活動を指導する際には、次のことに留意する。

a　いきなり自分が「好きなところ」を紹介し合うのではなく、まず自分の考えをしっかりつくるようにさせる。
b　はじめに自分が「好きなところ」を教材文を引用しながらノートに書かせる。その際に、好きな理由も書かせるようにする。
c　「わたしの好きなところは—です。どうしてかというと—からです。」という文型を提示し、これに合わせて書かせると書きやすくなる。
d　紹介文の最後には、筆者が分かりやすく書いている文章の工夫の中から「一番分かりやすいな」「一番いいな」と思った工夫を書かせるようにする。
e　紹介文を書いたら、文章を推敲させる。
f　最後に、ノートを読み上げながら紹介し合うようにさせる。

【説明的文章の授業で「言語活動」を充実させる】

8 説明文の「大事な言葉」「中心となる語や文」に注目しながら「要約」をし「要旨」をとらえる授業
――「ウナギのなぞを追って」(塚本勝巳)(小4)

鈴野 高志(茨城県・茗溪学園中学校高等学校)

1 新学習指導要領における「要約」「要旨」

今回の学習指導要領「国語」では、いわゆる説明的文章の「要約」や「要旨」について、次のような指導を求めている。

目的に応じて、中心となる語や文をとらえて段落相互の関係や事実と意見との関係を考え、文章を読むこと。／目的や必要に応じて、文章の要点や細かい点に注意しながら読み、文章などを引用したり要約したりすること。(小3・4「読むこと」)

この指導要領に見られる「目的(や必要)に応じて」という文言をどう解釈すればよいのか、わかりにくい面もあるが、「中心となる語や文をとらえて段落相互の関係や事実と意見との関係を考え」という記述からは、「要約」をする方法、「要旨」をまとめる方法についての一定の考え方が読み取れよう。すなわち、一つの文章における段落や文や語には、中心的な部分とそれらを支える周辺的な部分があり、特に中心的な部分に注目することが文章を要約することにつながる、という考え方である。

科学的『読み』の研究会(以下「読み研」)では、説明的文章教材を読むための指導過程として、段落や文相互の論理関係に注目しながら「柱の段落」や「柱の文」に絞り込んで要約を行うという方法を提起、実践してきた。この「柱」という概念こそが、学習指導要領における「中心となる語や文」「文章の中心的な部分」にほぼ相当するものと考えられる。そこで本稿では、小学校4年生の新しい説明文教材である「ウナギのなぞを追って」を取り上げ、文章を要約するにあたってはまず文章全体の構造（構成）を把握し、その上で「柱の段落」や「柱の文」に絞り込んでいくことが効果的であるということを改めて示してみたい。

2　「ウナギのなぞを追って」の概要

「ウナギのなぞを追って」は、光村図書・小4・下『はばたき』に掲載されている説明文である。

十一段落構成のこの文章では、まず初めの3段落までに日本各地の川や池にいるウナギの産卵場所が、実は日本から二千キロメートルも南方になるマリアナの海であること、そしてその場所がつきとめられるまでに七十年もの歳月を費やしたことが紹介され、読者の興味を引く。

そのことを受け、4段落から10段落までは、その七十年にわたる調査の過程が、捕獲されたウナギの稚魚「レプトセファルス」の体長をもとにした筆者の推理を交えたドキュメンタリーのような筆致で書かれている。

11段落では、これまでの調査によりウナギの産卵場所が明らかになったことを改めて確認した上で、今後の調査課題としてウナギが遠方に産卵に来る理由やどのように産卵場所にたどり着くのかということがさらなる「なぞ」として残されていることを述べ文章を締めくくる。

3　「ウナギのなぞを追って」の構造を読む

説明的文章を要約していくための前提として、まず文章全体の構造（「構成」とも。ここでは「構造」に統一）を押さえておく必要がある。それは、一つの文章がいくつかの内容的なかたまりから成り立っており、それらの「かたまり」の文章全体の中での位置づけによって要約に必要な「柱」も変わってくるからである。また、「かたまり」に分けること自体が文章の骨格をつかむということでもあり、そういう意味では構造を読み取る過程にはすでに要約の要素が含まれているとも言える。

説明的文章の典型構造は、「前文（序論）」「本文（本論）」「後文（結論）」の三部であり、さらに「本文」は「本文1」「本文2」…のようにいくつかの「かたまり」に分けられる。

「ウナギのなぞを追って」の構造は、以下のようにとらえられる。（□内の数字は段落番号。以下、同様。）

前文	本文		後文
1—3	4—10		11
問題提示	4—6 本文1	7—10 本文2	まとめと今後の課題

「本文」については、調査の第一段階として、ウナギがたまごを産む場所についての「およその見当」がつくところまで（本文1）と、調査の第二段階として、「ウナギがたまごを産む場所にたどり着くことができた」ところまで（本文2）に分けた。

実際の授業では、まず「前文」「本文」「後文」がそれぞれ何段落から何段落までかということを、個人で思考→3、4人ぐらいの小グループで討議→クラス全体で討議という手順で確定していく。

4　「ウナギのなぞを追って」を要約する

さて、構造が確定したら、いよいよ要約である。

まず「前文」である。説明的文章の前文には、その文章がこれからどのようなことを明らかにしていくのか、という言わば文章の方向性を示す役割がある。したがって前文の柱の段落・文は、それがもっともはっきりと読者に提示されているところということになる。

「ウナギのなぞを追って」の前文1～3段落は次のように書かれている。（○内の数字は文番号を表す。）

> 1 ①今年もマリアナの海にやって来ました。②日本から真南に二千キロメートル、周りに島一つ見えない海の真ん中です（図1）。③毎年のようにここにやって来る目的は、ウナギがどんな一生を送る生き物なのかを調査することです。（中略）
>
> 2 ①ウナギは、日本各地の川や池にすんでいます。②

それなのに、なぜ、はるか南の海にまで調査に来るのか、不思議に思う人もいるでしょう。③実は、ここが、日本じゅうのウナギが集まってきて、いっせいにたまごを産む場所なのです。④ここで生まれたウナギの赤ちゃんは、海流に流されながら、はるばる日本にやって来ます。

3①ここがその場所だと分かったのは、つい最近のことです。②ウナギの研究の第一歩として、たまごを産む場所を見つける調査が始まったのは、一九三〇年ごろのことでした。③それからこの場所がつき止められるまでに、実に七十年以上の年月がかかったのです。

前文において、文章全体の方向性は多くの場合「〜だろうか」「〜でしょうか」と問題を提示する（「問題提示」と呼ぶ）形式で表されるため、授業では2段落の第②文「それなのに、なぜ、はるか南の海にまで調査に来るのか、不思議に思う人もいるでしょう。」を「柱の文」の候補として挙げる子どもが多いと考えられる。

しかし、この疑問については直後の文で、「実は、ここが、日本じゅうのウナギが集まってきて、いっせいにたまごを産む場所なのです。」と答えを述べてしまっている。したがって2段落の第②文は、この文章全体の方向性を示すというレベルの問題提示ではないため、前文の「柱」にはなり得ない。

この文章の主要な内容は、筆者も参加している調査グループがウナギの産卵場所を確定するまでの、推理も含めた七十年間のドキュメントである。そのような内容がこれから述べられていくことを読者に示しているのは、3段落の第③文「それからこの場所がつき止められるまでに、実に七十年以上の年月がかかったのです。」であり、この文が前文の「柱の文」であると言える。

そしてこの3段落第③文に、前文1〜3段落全体が収斂されていく方向で書かれているとすれば、1段落第①文から3段落第②文までの全ての文は内容上3段落第③文に含まれると考えられるため、要約についても、基本的には柱の文をもとに行っていけばよいのである。

要約された文は、それだけを読んでもそこまでの内容が大づかみにわかるものでなければならない。そのため、要約文の中に指示語などが含まれている場合は、それが何を指しているのかわかるように、具体的な語に直す必要がある。この文の場合も「それからこの場所がつき止められるまでに」の「この場所」については、一つ前の文にある語句を用いて「ウナギがたまごを産む場所」と書き換える必要がある。また、前の文との関係を示している文頭の「それから」や、筆者による「七十年」という歳月への評価が入った「実に」などは要約をする際には省いてしまっても内容上差し支えない。文末の「のです」も削れそうだ。したがって、「ウナギのなぞを追って」前文1～3段落は次のように要約できる。

ウナギがたまごを産む場所がつきとめられるまでに七十年以上の年月がかかった。（三七字）

続いては「本文1」の要約である。「本文1」ではウナギの稚魚であるレプトセファルスの体長が海流をさかのぼるにつれて小さくなるという仮説をもとに、実際に捕獲されたレプトセファルスの体長を記録し、日ごとに体にできる輪の数との関係から産卵場所についての「およその見当」をつけている。体長の数値の記録の部分と、それをもとにした推理がこの本文1の主要な内容であるため、それらが「柱」になると考えられるが、引用がやや長くなってしまうので、ここでの要約の詳細は省く。

「本文1」での「およその見当」を受け、「本文2」は次のように書かれている。

7（前略）④西向きに流れる北赤道海流をさかのぼって、東へ行くほど、とれるレプトセファルスは小さくなっています。⑤しかし、ある地点をこえると、それがばったりととれなくなっています。⑥海底の地形図でたしかめると、その地点には、大きな三つの海山がありました。⑦親ウナギがたまごを産む場所を決めるときに、これらの海山が何かの役に立っているのかもしれない、わたしたちはそう考えました。

8①それから、とれたレプトセファルスのたんじょう日を計算し（図5）、こよみと照らし合わせました。②すると、多くのたんじょう日が、新月の日前後に集まっていることが分かりました。③ウナギは、新月のころに合わせて、いっせいにたまごを産んでいるようなのです。

9①「海山の近く」「新月のころ」という二つの予想にもとづいて、わたしたちは調査を続けました。②どういうわけか、たまごも、生まれてすぐのレプトセファルスもとれないことが、何年も続きました。③しかし、二〇〇五年六月七日、新月の日の昼下がり、マリアナ諸島の西にある海山付近を調査していたときのことです。そのしゅんかんは、やってきました。

10 ①青い海から白いあみがゆらゆらと上がってきました。②中から、小さく丸まった白い糸くずのようなものがたくさん見つかりました。③すぐに調べると、それらは、体長五ミリメートル、生後わずか二日の、ウナギのレプトセファルスであることが分かりました。④ついに、わたしたちは、ウナギがたまごを産む場所にたどり着くことができたのです。　（後略）

この「本文2」において、まず「柱の文」としてはずせないのが10段落第④文であることは、だれもが認めるところであろう。七十年にわたって調査してきたウナギの産卵場所が明らかになった部分だからである。

では、この産卵場所がついに明らかになった、その決め手となったのは何か。それは9段落第①文に書かれている「海山の近く」「新月のころ」という「二つの予想」である。したがって、産卵場所が明らかになったことが述べられている10段落の第④文に加え、これら「二つの予想」のそれぞれが調査の中で成立した部分こそが、「本文2」の柱の文ということになる。その一つは、7段落第⑦文「親ウナギがたまごを産む場所をきめるときに、これらの海山が何かの役にたっているのかもしれない、わたしたちはそう考えました。」であり、もう一つが、8段落第③文「ウナギは、新月のころに合わせて、いっせいにたまごを産んでいるようなのです。」である。

5　「ウナギのなぞを追って」の「要約」の授業

以下、「本文2」の要約の過程を授業シミュレーションの形で示す。

教師①　「本文2」を要約しよう。「本文2」は「ウナギのなぞを追って」全体の中でどういう部分だったかな。

子ども　ウナギが卵を産む場所がわかったところ。

教師②　そうです。「本文1」で「およその見当」をつけて、「本文2」でそれがはっきりするんだったね。だとすると「柱の文」は卵を産む場所がわかったところだから何段落の第何文？

子ども　10段落の…第④文。

教師③　その通り。「ついに、わたしたちは、ウナギがたまごを産む場所にたどり着くことができたのです。」ってはっきり書いてあるね。でも、それだけじゃないよ。ここでたどり着くことができたのはどうして？

子ども　予想を立てて調査したから。

教師④　そうだ。どんな予想？

子ども　「海山の近く」という予想。

教師⑤　そう。それからもう一つ。

子ども　「新月のころ」という予想。

教師⑥　そうです。その二つの予想をもとにして調査した結果、産卵の場所がわかったっていうことだね。「本文1」もそうだったけど、この「ウナギのなぞを追って」の調査は、調べた結果から推理して、予想を立てて、また調べるという繰り返しだったね。だからどんな予想がもとになったか、の部分も、文章の「柱」としてははずせないんだね。では、「海山の近く」という予想が立ったのはどこ？

子ども　7段落の…第⑦文。

教師⑦　「親ウナギがたまごを産む場所を決めるときに、これらの海山が何かの役に立っているのかもしれない」ってあるからね。これ、予想ですね。では、「新月」の方は？

子ども　8段落の…第③文。

教師⑧　「ウナギは新月のころにあわせて、いっせいにたまごを産んでいるようなのです。」…そうですね。では、「本文2」の柱の文は、前から順に7段落の第⑦文、8段落の第③文、そしてそれらの予想からついに産卵場所にたどり着いたと書かれている10段落の第④文、これでいいですか。

子ども　（一斉に）いいです。

教師⑨　はい、では今出た三つの文を、まずそのまま書いてみます。（次ページ上段のように板書する。）まず、最初の7段落第⑦文の中で、削っても大丈夫そうな言葉は？

子ども　「わたしたちはそう考えました」の「そう」。

教師⑩　そうですね。「そう」の内容は、直前に書いてあるからね。逆に補わなければいけないのは？

子ども　「これらの海山」の「これら」っていうところ。

教師⑪　はい。「これらの海山」ってどんな海山だろう。教科書の言葉で補うなら？

子ども　「大きな三つの海山」。

教師⑫　そうですね。それ補いましょう。あと、字数を短くするために「です・ます」調はどうする？

子ども　「だ・である」調にする。

教師⑬　そうだったね。「考えました」の「まし」を取ろう。二文目、8段落③文で、なくてもいいのは？

子ども　…全部大事だと思います。「ようなのです」を「ようだ」にするだけ。

教師⑭　そうですね。ここはあまり削れない。では最後の文はどうだろう。

子ども　これも「のです」を取るだけ。

（以下略）

最後に、三つの文がうまくつながるように、適宜接続詞等を補って文章を整えれば（下の板書例では、補った接続詞を□で囲んで示した）要約が完成する。

文章の要約は、ただ適当に「重要そう」な言葉をつなげればよいというものではない。その文章の論理関係に目をつけ、その論理関係を成立させている「柱の文」を抽出し、それをもとにして要約をしていくことが、論理の流れも含めて筆者の主張をわかりやすくまとめることにつながるのである。

板書例

7 ⑦親ウナギがたまごを産む場所を決めるときに、~~これらの~~（大きな三つの）海山が何かの役に立っているのかもしれない、わたしたちは~~まず~~考え~~まし~~た。

8 ③ウナギは、新月のころに合わせて、いっせいにたまごを産んでいるよう~~なのです~~。だ

10 ④ついに、わたしたちは、ウナギがたまごを産む場所にたどり着くことができた~~のです~~。

↓親ウナギがたまごを産む場所を決めるときに、大きな三つの海山が何かの役に立っているのかもしれない[と]わたしたちは考えた。[また]、ウナギは、新月のころに合わせて、いっせいにたまごを産んでいるようだ。[そして]ついに、わたしたちは、ウナギがたまごを産む場所にたどり着くことができた。（一三三字）

【説明的文章の授業で「言語活動」を充実させる】

9 「意見を述べた文章」「論説」を読み「自分の考え」をまとめ「評価」をしていく授業
――「生き物は円柱形」(本川達雄)(小5)

加藤郁夫(大阪府・初芝立命館高等学校)
町田雅弘(茨城県・茗溪学園中学校高等学校)

1 新学習指導要領における「自分の考え」「評価」

今回の学習指導要領「国語」には、「自分の考え」「評価」について、次のように書かれている。

目的に応じて、文章の内容を的確に押さえて要旨をとらえたり、事実と感想、意見などとの関係を押さえ、自分の考えを明確にしながら読んだりすること。(小5・6「読むこと」)

文章を読み比べるなどして、構成や展開、表現の仕方について評価すること。(中3「読むこと」)

また、文章のジャンルにかかわって「意見を述べた文章」(小5・小6)「論説」(中3)を取り上げるべきことも明示している(以上「言語活動例」)。

学習指導要領でここまで「自分の考え」「評価」にこだわったことは、これまでなかった。阿部昇も指摘しているとおり、戦後すぐの一九四七年等の学習指導要領には、「評価」「批判」等の言葉があったが、間もなく消え、その後今回まで「評価」に関わる記述は出てきていなかった。[1] その意味で、学習指導要領の歴史の中で画期的と言える。

また、文章のジャンルとして「意見を述べた文章」「論説」が明示されたことの意味も大きい。これまで小中では説明型の文章がほとんどで、論説型つまり筆者の見解や仮説を述べた文章はほとんどなかった。それが今回は、明記された。これも画期的と言える。（これについても、阿部昇が既に指摘している。[2]）

テキストについての「自分の考え」「評価」を持つためには、まずはそれについての確かで豊かな読みが前提となる。文章の構成や論理などを的確に読む過程を軽視してはいけない。その上で、テキストを一つの対象としてメタ的にとらえ直す。それにより「自分の考え」「評価」がより有効に展開できる。

そのようにして自分の考えをまとめて、その文章に対する「評価」をさせていくのである。この指導は、「思考力」「判断力」「表現力」を鍛えることにつながる。

科学的『読み』の授業研究会では、説明的文章の読み取りにおいて、「吟味よみ」を重視し研究を続けている。この読み方指導は、高く評価できるところと、不十分なところ、納得がいかないところを、根拠を見つけながら探していくものである。以下、小学校教材「生き物は円柱形」（本川達雄）を例に挙げながら、文章を読み、自分の意見をもち、それを表現させていく「吟味よみ」の過程を紹介する。

2　「生き物は円柱形」の構成・論理を読み解く

「生き物は円柱形」は、光村図書5年生の教科書教材である。今回新しく登場した新教材である。

まず文種である。説明的文章は、「社会的に認められ一致した知識・事実・見方（定説）を説き明かした文章」である「説明文」と、「社会的に認められていない一致していないことがらについて自分の見解（仮説）と根拠を示した文章」である「論説文」とがある。[3]

この文章は、筆者の仮説とともに事例と科学的根拠を示しているから「論説文」である。

筆者の見解（仮説）が示されている以上、読み手はそれに納得できるかどうかを明確に意識する必要がある。

次に、この文章の構成と論理を読んでいく。

まず、序論は第1段落である。「形のうえでの分かりやすい共通性は、『生き物は円柱形だ』という点だ。」と明確に筆者の見解（仮説）を示している。これは問題提示型の序論ではなく、結論提示型の序論である。第2段落からは、その具体例の提示に入っている。

結論は、第11段落である。ここでは、円柱形そのものではなく、「多様なものの中から共通性をみいだし、なぜ同じなのかを考えることも、実におもしろい。」と、発展的なことを述べている。第10段落までは、円柱形の理由を示している。そこは本論の一部である。

そして本論は、二つに分かれる。本論1は第2～第5段落、本論2は第6～10段落である。本論1で、人間の「指」「うで」「あし」「首」など具体的事例を示している。次に「ミミズ」「ヘビ」「ウナギ」「ネコやイヌのあしや胴体」など動物、そして「木の幹」「枝」「くき」など植物へと続いていく。本論2は、「円柱形」であることの理由を述べる。前半は円柱形に丸めた新聞紙を使いながら「強さ」という理由を、後半は例示をしながら円柱形の「速さ」という理由を示す。

3 「生き物は円柱形」の工夫と疑問を吟味・評価する

まずは、この文章の優れた点の吟味・評価である。

序論で生き物の「形のうえでの分かりやすい共通性」は「円柱形」という見解＝仮説を示した上で、本論1では、それを裏付ける具体例を数多く示している。

a 人間の指、腕、足、首、胴体、体全体

b ミミズ、ヘビ、ウナギ、猫や犬の足や胴体、マグロ

c 植物の幹や枝、茎、木全体、葉脈

d 蝶（翅脈）

想像しやすくわかりやすい具体例を多様に提示している。いずれもほぼ円柱形と言える例である。これら多様な具体例を示すことで「生き物は円柱形」という見解を証明している。

この具体例の提示の順序にも筆者の工夫がある。「君自身の指」から始まり「うで」「あし」「首」「胴体」へ進む。次いで「ミミズ」「ヘビ」「ウナギ」、「ネコ」「イヌ」の「あしや胴体」と動物が示される。そして植物「木の幹や枝、草のくき」となる。読者つまり人間から→動物→植物へという順序である。優れた工夫と言える。

また、本論1の後半で例外を示している。チョウの羽や葉という例外である。その上でそれ以外を除けばチョウも木全体は円柱形であると強調する。例外を自分から示すことで説得力を増すように工夫している。

なお、このことは、本論2で、それら例外も実は翅脈・葉脈など円柱形が支えていると関連づけている。

本論2では、円柱形の理由として「強さ」と「速さ」を示す。本論1では、新聞紙の実験を示し円柱形の強さを説明している。

角柱と比較し円柱の方が強いことを強調する。読み手にとってわかりやすく、すぐ確かめることができるものであり、典型性も高い。

＊

次は、不十分な点の吟味・評価である。

本論1で円柱形にあてはまらない具体例がどれくらいあるかを試しに考えてみる。ヘビは円柱形と言える。しかし、爬虫類全体に広げてると少し違ってくる。ワニや亀は円柱形とは言えない。

円柱形としてのマグロが示されている。しかし、魚は円柱形ばかりでない。鯛など平たい断面の魚も多い。

昆虫では、カブトムシ、アリなどは、円柱形とは言いにくい。昆虫以外の蜘蛛も円柱形ではない。

植物もサボテンなどは、円柱形とは言いにくい。

本論2は、円柱形の「理由」として「強さ」と「速さ」を示している。その「速さ」にややひっかかる部分がある。「速さ」はミミズとマグロの二例を取り上げ「円柱形は速い。だからこそ、生き物の体の基本となっている」と述べている。

まず、ミミズの移動を、「速く」と言っていいか議論の可能性がある。特別に速く進む動物とは言えないかもしれない。

マグロは確かに速い。しかし、マグロは円柱形の良さと言うより、円錐形であることの良さの方が大きいのかもしれない。本文では「前と後ろが少し細くなっている」ことを明示している。

さらに本論1で示した具体例を思い出しても、「速さ」と関係ないものも少なくない。人間の指、腕、足、首、胴体、体全体などは円柱形でも、「速さ」と関係しているかはわからない。蝶の翅脈《しみゃく》、植物の幹や枝、茎、木全体、葉脈も、「速さ」とは関係ない。

とすれば、「円柱形は速い」という「理由」づけは妥当かどうか検討の余地があることになる。

＊

これら優れた点と不十分さについての検討をした上で、

教科書手引きにあるような「共感・納得」か「疑問」かの判断を子どもたちにさせていくことになる。

吟味・評価の結果、「筆者の見解＝仮説に納得できない」と判断する子ども、「例外があっても、筆者の見解にだいたい納得できる」という子ども、「いくつかの例外があっても円柱形の理由の一つとして『速さ』も理解できる」という子どももいるだろう。

大切なのは、このような吟味・評価を経ることだ。その上で、「納得」「疑問」などの判断ができることが重要である。

4 「生き物は円柱形」の授業

実際の授業の様子を紹介する。

この授業は、二〇一〇年一二月二五日の読み研・冬の研究会での加藤郁夫による模擬授業およびその後の立命館小学校での加藤郁夫による授業実践をもとに再構成したものである。（後者の加藤実践は、二〇一一年、立命館小学校6年R組を対象に行ったものである。）

本論1は、仮説にあてはまる例をあげて仮説の正しさを証明する、つまり実証しているところ。本論2は、円柱形だとどんないいことがあるのか、その理由を述べて、仮説の正しさを補強する論証をしているところ。以上の二点について、授業のはじめで確認してある。

教師① 本論1の述べ方の、すぐれている点はどこだろう？

子ども 例をあげて、述べているところ。

教師② どんな例をあげていた？

子ども ゆび・うで・あし・首・胴体・体全体。

子ども ミミズ・ヘビ・ウナギ・ネコやイヌの胴体。

子ども 木の幹や枝・草のくき。

教師③ いろんな例をあげているね。なぜ、例をあげるのが、すぐれているの？

子ども 例をあげることで、わかりやすくなっている。

子ども いろんな例があげられると、「生き物は円柱形だ」という仮説にあてはまるものがたくさんあることがわかる。

子ども 仮説が正しいように思えてくる。

教師④ そうだね。例をあげることで、説得力が増すんだね。ところで、「生き物は円柱形」の例のあげ方で今まで読んできた文章と違っているところがあった。気がついたかな？

子ども 「例外もある」って言ってる。

教師⑤ そうだね。どんな例外をあげてる？

子ども チョウ・木の葉。

教師⑥ 本川さんは、どうしてわざわざ「例外もある」なんて言うんだろう？

子ども 例外があるから（笑）

教師⑦ そうなんだけど（笑）……。「例外もある」なんて言わなくて、あてはまる例だけ述べておく方がよくない？

子ども それだと、例外をあげられたら、すぐだめになっちゃう。

教師⑧ どういうこと？

子ども 例外をあげておくと、あてはまらないものもあるけど、あてはまるものが多くあるという主張になる。例外をあげないと、全部のものにあてはまるといっていることになる。

子ども 例外をあげることは、自分に都合の悪いことも考えていることになる。

子ども 都合の悪いことまで述べた文章の方が信頼できる気がする。

子ども 先生はいつも「物事には二つの面がある」っていうでしょ。例外をあげることで、本川さんは自分の仮説を二つの面で見ているんじゃないかな。

教師⑨ そうだね。例外をあげることで、かえって文章の説得力が出ているね。ところで、チョウや木の葉は例外だった？

子ども ううん。チョウの中にも円柱形があった。

子ども 木の葉は円柱形じゃないけど、幹や枝は円柱形になってる。

教師⑩ 部分的に見ると円柱形ではないけど、全体としてみると円柱形がどこかに含まれているんだね。

子ども うん。

教師⑪ では、「チョウや木の葉」以外に、円柱形じゃないものはないだろうか？筆者のまねをして、例外を探してみよう。

動物図鑑や植物図鑑などをあらかじめ用意しておい

て、図鑑を見ながら子どもたちに探させるとよい。また、図書館に行って探してもよいだろう。頭の中だけで考えるのではなく、絵や写真を見ながらの方が探しやすい。

教師⑫ 例外はみつかったかな？

子ども タイとかヒラメ。

子ども タチウオ。

子ども ヒトデ・ウニ。

子ども ウチワサボテン。

子ども アサリやハマグリ。

教師⑬ じゃあ、みんながあげてくれた例外は、本当に例外なんだろうか？その中に円柱形の部分はないだろうか？

子ども ウニは、球形をしている。でも、ハリのところはよく見たら円柱形になっているかな。

子ども タイは、平べったいけど、骨は円柱形だし、ヒレの筋も円柱形のようだよ。

教師⑭ 形だけをみると、円柱形ではないものはたくさんあるけど、その中のどこかには円柱形の部分が確かにあるね。みんな、本川さんの「生き物は円柱形だ」と言う仮説に納得ですか？

子ども はい。納得です。

子ども でも、本川さんは「生き物は円柱形だ」って主張しているんだから、生き物の一部に円柱形があるだけでは、「生き物は円柱形だ」という主張は弱くないですか？

教師⑮ よい意見だね。実は、これまで考えてきたことをもとに、みんなに本川さんの「生き物は円柱形だ」という考えに賛成か反対かを考えてもらいます。

はじめに、「私は、「生き物は円柱形だ」という考えに賛成（反対）だ。なぜなら～」と書いていきます。自分の立場を決めて、なぜその立場に立つのか、その理由を考えておいてください。次の時間に二〇〇字で書いてもらいます。

次に示すのは、「賛成」「反対」それぞれのモデルケースである。（子どもが書いた文章を、一部リライトしたものである。）

【賛成意見】

私は、「生き物は円柱形だ」という考えに賛成だ。なぜなら、私たち人間の体を見たとき、本川さんの言うようにたくさんの円柱形を見つけることができるからだ。うでやあし、首や胴体、指も円柱形だ。人間だけでなく、私たちが例外ではないかと考えたタイやヒラメといった魚にも円柱形の部分がある。確かに、生き物のすべてが円柱形ではないが、生き物はそのどこかに円柱形の部分を持っている。だから私は生き物は円柱形といってよいと考える。

【反対意見】

私は、「生き物は円柱形だ」という考えに反対だ。

確かに本川さんの言うように、人間の体にはうでや首や胴体といった円柱形の部分がある。しかし、例外にあげていた木の葉は円柱形ではなかった。さらに私たちが考えた例外の中でもアサリの貝柱は円柱形だけれど、アサリ全体の形はとても円柱形とは言えない。体の一部に円柱形をもっているからといって、それで生き物は円柱形だというのは言いすぎと考える。

授業のポイントとしては、たとえば仮説に対する反対意見が出ないときは、教師がわざと反対意見（もしくは仮説への疑問）を出してやり、子どもにゆさぶりをかけてもよい。

また、意見文は、書き方を決めることでグンと書きやすくなる。ここでは、個性的な文章を書かせることよりも、理由がきちんと述べられることを大事にしたい。

注

（1）阿部昇『文章吟味力を鍛える』二〇〇三年、明治図書

（2）阿部昇「文章の種別を意識することで論説文を読む力は確実に高まる」『国語教育』二〇一二年四月号、明治図書

（3）注（2）と同じ。

（4）阿部昇の『国語教育』（明治図書）連載「『自分の考え』を鍛える　論争読みのススメ」第1回～第5回、二〇一二年四月～八月中での「生き物は円柱形」の論考を参考にしている。

【古典の授業で「言語活動」を充実させる】

10 古典から「昔の人のものの見方や感じ方」「考え方」を探り出す授業
——百人一首と『枕草子』第一段「春はあけぼの」を中心として

加藤郁夫（大阪府・初芝立命館高等学校）

1 文語のリズムに親しむ

(1) 百人一首から古典の世界に入る

学習指導要領「国語」では、「伝統的な言語文化と国語の特質に関する事項」において音読や暗唱を重視している。小3・小4の「伝統的な言語文化と国語の特質に関する事項」では次のように述べている。

> 易しい文語調の短歌や俳句について、情景を思い浮かべたり、リズムを感じ取りながら音読や暗唱をしたりすること。

小5・小6では次のようになっている。

> 親しみやすい古文や漢文、近代以降の文語調の文章について、内容の大体を知り、音読すること。

百人一首は、小学生が歴史的仮名遣いに慣れ、古典の世界に足を踏み入れていくには格好の教材の一つである。歌を覚えるにつれて、札を取るというゲーム性も楽しむことができる。古典の世界の入門期にふさわしいものといえる。歌の意味的な理解よりも、まずは歌のリズムに親しむところから始めていきたい。

和歌では、五・七・五・七・七のリズムに親しみ、なじむことを大事にする。そして、歌と出会ったら、はじめに五・七・五・七・七のリズムに区切ることを教えていく。

私は、和歌を学習するときには、必ずノートに視写させる。そしてノートに写した歌の拍数を自分で数えて、五・七・五・七・七の切れ目のところに横線を入れるようにさせている。和歌のリズムに意識的になることがまずは大事である。だから、はじめのうちは五・七・五・七・七の定型にきちんとはまった歌を取り上げていく。そして、そのリズムに慣れてきたら、ほかのリズムにも気づいていけるようにしていくのである。

あしひきの山鳥の尾のしだり尾のながながし夜をひとりかも寝む　柿本人麻呂

この歌は、五・七・五・七・七の定型であるが、それだけではない。

あしひきの　やまどりの　をの　しだりをの

上の句において、「の」が繰り返されることでもう一つのリズムを作っているのである。

リズムのよいものは、声に出して読んでいると、とても心地よい。リズムに乗ってすらすらと読めていく。はじめは、リズムの持つ心地よさに乗っていくことを大切にしたい。しかし、それだけで終わってはダメである。なぜ、その文章や歌のリズムがよいのかを考えていくようにしていくのである。なぜリズムがよいのか、その秘密を子どもたちが考えていくようにしていく。そのためには、なぜ心地よいリズムが生まれるのかという、リズムの秘密を少しずつ意識できるようにしていくことが大切である。

和歌のリズムが子どもたちの身についてきたら、今度は次のような歌を読む。

田子の浦にうち出でて見れば白妙の富士の高嶺に雪は降りつつ　山部赤人

この歌を写して、拍数を数えていくと、初句と二句が字余りになっていることがわかる。五・七・五・七・七のリズムに慣れることで、字余りに対しても意識的になれるのである。

字余りは、五音なり七音のところが六音・八音になる。それをただそれだけのことと教えてはだめである。字余りは、和歌における定型のルールの逸脱なのである。たまたま六音になった、八音になったと理解するべきではない。なぜ、そこを字余りにしたのか、その意味を考えることが大切である。

たごのうらに　うちいでてみれば

この歌では、二句にわたって字余りが作られている。それはどのような意味があるのだろうかと考えていくのである。またそのように考えることで、リズムに対する感性も養われるのである。

字余りは、五音のところに六音、七音のところに八音となるので、リズムとしては少し重くなる。この歌でいえば、初句・二句までがやや重いリズムで、少しもたついた感じとなる。なぜ、初句と二句を重いリズムにしたのか、それを歌の中身と関わらせて考えてみるのである。歌の後半は「白妙の富士の高嶺に雪は降りつつ」と「私」の目は富士山に向けられている。それに対して「田子の浦にうち出でて見れば」までは富士山ではなく、田子の浦に目が向いている。また田子の浦が静岡県の側から富士山を真正面に眺めることができる海岸線であるとわかれば、田子の浦に出るまでの道のりは、富士山の全景をとらえていないことになる。そして、田子の浦に出てくると、急に視界がひらけ、何ものもさえぎるもののない富士山の全景を、とらえることができる。初句・二句は、田子の浦に出るまでの「私」のどこかまだるっこい思いと重なっていく。それが、三句「白妙の」から定型となり、富士山の姿を真正面から見た感動へとつながっていくのである。

字余りをリズムの変化ととらえ、さらにはその意味を考えていくようにすることで、音読・暗唱の指導はより有効性を発揮する。

「字余り」という言葉に私たちは慣れてしまっているが、よく考えれば字が多いのではない。音（拍）の数が多いのである。「字余り」は、仮名で書いた時に言えることなのである。つまり、日本語は仮名の場合、文字の数と音の数が対応すると考えられていたのである。「字余り」という言葉からも、日本語の有り様が垣間見えるのである。

(2) **俳句のリズムを楽しむ**

俳句でも、リズムを意識させることは同様である。まずは五・七・五の定型に慣れ親しむことを大事にしたい。したがって、字余りの句を初めには扱わない方がよい。そしてリズムに慣れてきたところで、字余りの句を取り上げるのである。たとえば次の句である。

> 旅に病んで夢は枯野をかけめぐる　松尾芭蕉

この句では初句「旅に病んで」が字余りになっている。

そして「病んで」と言わなくても「病み」としても意味は変わらない。つまり、芭蕉はわざわざここを字余りにしたのである。字余りが定型を崩す異例のこととわかってきていれば、芭蕉はあえてこの句を字余りではじめたと考えられるようになる。古典におけるリズムを身につけていくとは、こういうことなのである。なぜ芭蕉は初句を字余りにしたのだろうか。「旅に病み」と「旅に病んで」の二つを比べてみる。

定型は、型にはまっているだけに、心地よい軽快なものとなる。それに対して字余りになると、どうしても軽快なリズムとはならない。やや重くなるのである。そしてそれを句の意味と関わらせて考えていくのである。旅の途中で病気になったのである。自分の家で病気になったのとは違い、旅の途中であれば、心おきなくゆっくりと休んでいることもできない。旅を続けたいにもかかわらず、病気で動けない。動きたいのに動けない、行きたいのに行けない、そういったもどかしさがここでの字余りに表現されている。「私」の気持ちの暗さ、重さが、字余りとして効果的に表現されていることがわかる。

逆に、「旅に病み」と定型にした場合、軽やかなリズムになってしまい、病気の重さや気持ちの暗さが表現されることが弱くなる。

2 『枕草子』第一段「春はあけぼの」を読む

(1) 四季を代表する景物

学習指導要領の小5・小6の「伝統的な言語文化と国語の特質に関する事項」では、次のように述べている。

> 古典について解説した文章を読み、昔の人のものの見方や感じ方を知ること。

これは、単に昔のことを知ることに意味があるのではない。「昔の人のものの見方や感じ方」を知ることを通して、今の私たちのあり様やものの見方などをとらえ直すところに意味があるのだ。昔を知ることで、日本の文化の中で昔も今も変わらないものや見方が存在することを知ることもある。また、昔とは変わってしまったことを知ることもある。それらを通して、今の日本の文化やことばについての理解を深めることができる。古典は、今をとらえ直すところに、その学ぶ意味が存在する。

『枕草子』の第一段は、四季をとらえた名文であり、よく知られている。しかし、名文・有名・すばらしいといった評価が先行するあまり、どこが素晴らしいのか、どこが優れているのかに案外目が向けられていない。

『枕草子』は、古典中の古典だから、清少納言の代表作だから、誰もが知っている名作だから……といった、頭から名作・名文と決めてかかるのではなく、なぜ素晴らしい作品と言われているのだろうか、どんなところが優れているのだろうか、といった『枕草子』の秘密を明らかにしていくことが大切である。

第一段の魅力の一つに、清少納言の四季のとらえ方がある。清少納言の四季のとらえ方を見ていくためには、日本人が四季をどうとらえているかを振り返ってみよう。

「春」といえば、何を思い浮かべるだろうか。

入学式・菜の花・若草・あたたかい・チューリップ・新生活・引越し……人によってさまざまなことが連想されるだろう。その中の一つに桜の花がある。三月の初めころには、新聞にその年の桜前線の予想図が掲載される。三月下旬に入ると、つぼみがふくらんだ、花が開いたといった各地の桜情報が紙面を飾っていく。四月には満開の桜や花見の人出が紙面やニュースを賑わわせる。

私たち日本人が、桜の花に強い思い入れをもっていることがよくわかる。春といえば桜。実は、これは今に始まったことではない。『古今和歌集』の中にある春の歌一三四首のうち、桜を詠んだものが七四首ある。半数以上が桜の歌なのである。

現代の私たちの桜の花に寄せる思いの強さの原点は、少なくとも『古今和歌集』まで、ということは約千百年前まで戻ることができるのである。

日本に生まれ育った私たちにとって、春の桜に寄せる思いの強さは、ごく当たり前のことである。しかし、海外に目をやって眺めてみると、どこの国でも春の桜を愛でているわけではない。桜を愛でるのは、日本の文化と深く結びついたものであることがわかる。そして古典を読むことを通して、それが千年以上前にすでに形作られたものであることを、知るのである。

それほどに春を代表する桜なのであるが、「春はあけぼの～」の一節では、清少納言は桜を全く出していない。

他の季節ではどうだろうか。夏のほととぎす（後述）、秋の紅葉も出てこない。わずかに冬の雪だけが述べられているのである。

このように見てくると、清少納言はわざと桜やほととぎす・紅葉を外したのではないかとわかってくる。私たちが文章を書く時、だれもがわかっていることを改めて書くだろうか。みんなが知っていることを、とうとうと人に語るだろうか。そんなことをしても、その文章や話を、人は面白いとは思ってくれない。人に面白いと興味や関心を持ってもらうためには、人とは異なる見方や考えを示すことが求められる。その人でなくては出せないオリジナリティを出さなくては、面白いとは思ってもらえない。

つまり、清少納言がここで述べている四季に対する見方は、『古今和歌集』に示された四季観を踏まえつつ、それをずらし、彼女独自の見方を示したところにある。

ところで、次の漢字は何と読むだろう?

> 不如帰・時鳥・霍公鳥・沓手鳥・子規・時鳥・杜鵑・郭公・蜀魂

すべてホトトギスと読む。ここからホトトギスという鳥が、かつては日本人の生活と深い関わりがあったことがわかるだろう。「夏は来ぬ」の歌の中でも、「卯の花の／匂う垣根に／ほととぎす／早も来鳴きて……」と歌われている。『古今和歌集』の夏の歌三四首中、二八首にほととぎすは登場している。

しかし、清少納言は夏にほととぎすを描いていない。ほととぎすは夜にも鳴くのである。そしてその鳴き声（初音）を聞こうと人びとは、夜を徹して待ったのである。「ほととぎす鳴きつる方をながむればただ有明の月ぞ残れる」という百人一首の歌もある。

そのようなほととぎすに対する知識を調べていくことで、昔の人びとがどれだけほととぎすを愛したかがわかってくる。にもかかわらず、清少納言は「夏」にほととぎすを出してこない。だれもが思う夏ではなく、清少納言独自の季節の見方を示そうとしていることがここからもわかるのである。

四季それぞれに何を取り上げるかというところに、作者の工夫があるとみてきたが、工夫はそれだけではない。春は「あけぼの」、夏は「夜」と、ある決まった時間を取り上げているが、秋は「夕暮れ」だけではない。「日入り果てて」と夜に入った時間帯の魅力も語っている。

そして冬も「つとめて」だけではなく、「昼になりて」と時間帯を変え、「ぬるくゆるびもていけば、火桶の火も白き灰がちになりてわろし」とこれまでとは違って、よくないものを取り上げているのである。

このように、「春はあけぼの」の一段は、清少納言の工夫が随所に読み取れる。だからこそこの作品は時代を超えて読み継がれ、愛されてきたのである。古典だから、有名な作品だからといった取り上げ方ではなく、古典として今に残ってきた意味を読み取ることで、私たちは古典の面白さや魅力を感じ取ることが出来るのである。

3　『枕草子』第一段「春はあけぼの」の授業

以下の授業は、加藤が二〇一〇年に行った立命館小学校6年生の実践をもとに、再構成したものである。

（「第一段」の内容を一通り終えた上で）

教師①　この文章には、どのような工夫があるのか、考えてみよう。四季の取り上げ方には、どんな工夫がある？

子ども　春はあけぼの・夏は夜・秋は夕暮れ・冬はつとめてと、全部時間をあげている。

教師②　そうだね。ある時間にかぎって書かれているね。もう少し丁寧にみてみると？

子ども　……

教師③　春夏と秋冬で何か違っていない？

子ども　春はあけぼの、夏は夜。その時間のことしか言ってないけど、秋は夕暮れから夜まで、冬はつとめてから昼までと時間が移っている。

教師④　そうだね。時間を取り上げても、その取り上げ方を変えているね。

教師⑤　ほかにないかな？

子ども　……

教師⑥　春はあけぼのがどうだって言っている？

子ども　すばらしいって。

教師⑦　すばらしいって、どこに書いてある？

子ども　書いてないけど、そう言っている。

教師⑧　文章には、すばらしいとは……

子ども　書いていない。

教師⑨　清少納言は書いてないけど、素晴らしいといっているように読めるんだね。どうしてだろう？

子ども　明け方、太陽が山の上に登ってきてくる頃ってきれいでしょ。

子ども だんだん明るくなってくるって、気持ちも明るくなるような気がする。

子ども 「紫だちたる雲の細くたなびきたる」って、何かきれいな感じがする。

教師⑩ 清少納言は、それがどうだとは書いてないけど、きれいな、すばらしい景色のように思えるように書かれているんだね。夏はどうだろう？

子ども 「月のころはさらなり」だから、言うまでもない。

教師⑪ 言うまでもないというのは？

子ども すばらしいとか、きれいとか言う必要がない。

子ども 言わなくてもわかっている。

教師⑫ その後では……

子ども 「ほのかにうち光りて行くもをかし。雨など降るもをかし」と「をかし」が二回出てくる。

教師⑬ 秋はどうかな？

子ども あはれなり。

子ども 「をかし」も出てくる。

子ども 「はた言ふべきにあらず」とも言っている。

教師⑭ 冬は？

子ども いとつきづきし。

子ども 最後は「わろし」。

教師⑮ 春から冬まで、清少納言がどんな言葉で評価しているかを見てきたけど、そこからどんなことがわかった？

子ども いろんな言葉で評価している。

教師⑯ そうだね。ということは清少納言のそれぞれの季節に対する見方が？

子ども 変わっている。

子ども いろいろな見方で、四季を見ている。

☆古典の授業のポイント

古典は、ともすれば教師が子どもに、知らないことを教えるようになりがちである。しかし、それでは授業は一方的なものとなり、子どもが考える場面が少なくなってしまう。子どもたちが知っていること、わかっていることを手がかりに授業をすすめることが大事である。そして、一つ一つの言葉や表現を大事にし、その意味や意図を考えて行くように進めるとよい。詳しくは、加藤の『日本語の力を鍛える「古典」の授業』（明治図書）を参照されたい。

1 読む力をつける物語・小説の「音読・朗読」の授業入門
——楽しく夢中になる音読の授業を

臺野 芳孝（千葉県千葉市立海浜打瀬小学校）

1 まずは教師自身が話し方を自己チェック

教師としてきちんと子どもたちに説明や発問が聞こえるように話せているかを、まずは自分で確かめていただきたい。一度自分の授業の声を録音してチェックしてみることをお勧めする。

私も、大西忠治に授業を見てもらったとき、「あなたの声は聴き取りづらい」と言われた。夢中で授業をしていると、思いの外早口になっていたり、語尾が最後まで聞こえなかったりすることがあることがわかった。

(1) 指示や説明の時の語尾が有声音か

「ですか」「〜です」「〜でした」には、特に注意をして聞く必要がある。語尾の「か・す・た」が、無声音になっていないかを確かめるのである。教室で話をするときは、語尾が無声音にならないように意識する。

(2) 話す速さは適しているか

発問や学習のまとめの説明など、子どもたちに確実に伝えたいときには、話す速さを落とし、一言一言区切りながら話すのがよい。「読み聞かせ」のときも、ゆっくりとした速さで、諭して聞かせるように読む。

(3) 声量はどうか

教師の話し声は、一般の人より大きい。しかし、常に声を張り上げて話すのはよくない。押さえ気味の声量で、小さな声の方が、むしろ子どもたちが集中して聞こうとする。学級でも授業でも、教師の小さな声でも聞こえるようにしていくことが大切である。聞き手を育てるということである。

2 「範読」のポイント

範読は、物語単元の一番最初に教師が教科書を読んで聞かせることである。基本は教師自身の「範読」である。場合によっては教師用指導書に朗読CDが付いている場合はそれを使うことがあってもよいが、教師が肉声で読むことで子どもたちは物語世界に入っていく。

その際、子どもたちには、教科書を開かせ、読めない漢字や意味がわからない語句に線を引きながら聞くようにさせる。ふりがなを振るのは、範読の後にさせる。

(1) 説明的文章の場合

説明的文章を範読する場合は、ニュースを読むアナウンサーをイメージして読む。子どもたちにもそのように音読することを指導する。

(2) 物語の範読

物語は、台詞と話者の言葉で構成されている。台詞は登場人物を意識して、男か女か、年齢は、性格は、置かれた状況は、などを前もって書き込みをしておく。

その際に、音の遅速、高低、強弱、大小、間などについても意識する。また、叫ぶ・ささやく・笑いながらなどもメモしておくとよい。たとえば若い人物は、高めでやや速く――といった具合である。

3 音読の系統的指導

子どもたちに音読をさせるに当たって、発達段階や習熟段階をふまえ系統的に指導していくことが大切である。

(1) しっかりと声を出す「消しても音読」

低学年で大切なのは、声をしっかりと出すことである。詩を使って声を出す練習をするとよい。短い詩を選び、板書して読ませる。

次に、「これでも読めるかな」と問いながら、適当に何文字かずつ消していく。残った文字をたよりに、板書した行を教師が指しながら読ませていく。「だんだん難しくなりますよ」と言って、文字をどんどん消していく。それでも子どもたちは一生懸命読もうとするので、だんだん声が大きくなってくる。五文字くらいになっても詩を読み、最後に全部消してしまっても、詩を読むことができる。「賢いね、頭いいね、上手だね」とほめる。

(2) 滑舌よく「リモコンで音量調整ロボットごっこ」

低学年では、音量の調整が思ったほどうまくできない。叫んだり、怒鳴ったりではなく、適度に大きくはっきりした声で音読をさせたい。

「今の声よかったなあ。（テレビのリモコンを持って）でももう少しだけボリューム下げちゃおう」と、子どもたちにリモコンを向けてボリューム100〜ボリューム2くらいまでの間で音読遊びのようにしてやると、無声音でも聞こえるように、口を大きく開けて音読をするようにしていく。

声を出していない子がいる場合は、「女の子だけ」とか「3号車だけ」とか「名前に『い』の字が付く人だけ」などとゲーム感覚で音読するのも楽しい。

(3) すらすら読む「ふりがなを堂々と振ろう」

中学年になると、漢字が音読の一つのハードルとなる。漢字が読めないので音読が楽しくない、そんな子が出てくることがある。そんなときは、迷わずふりがなを書いてやる。そんな子が多いようだったら、学習グループの協力で漢字が読める子に聞いて書くようにする。

クラスの中にふりがなを振ることを馬鹿にするような子どもがいることがある。その子の教科書とふりがなを振った教科書を提示して「どちらがいっぱい勉強していますか？」と問う。ふりがながたくさん書き込まれた教科書を子どもたちは指さす。読めない子どもが一番勉強をしていることを評価していけば、ふりがなを振ることは恥ずかしいことではなく、むしろ意欲の表れと考える子どもたちが増えるのである。

(4) 集中して素早く読む「○(まる)読み班対抗リレー」

すらすらと読ませたいときには、班対抗で「○（まる）読み」をする。句点まで読んだら次の子が読む。これでリレーをする。これが意外に盛り上がる。

うまく読めないときには、班の子どもが一緒に読んであげてもよい。リレーにすると、音読をしない文も目で追っていないと速く読めない。集中して黙読と音読を繰り返すようになる。タイムを計って、タイムが縮まった班をほめてやるのも、効果的な評価方法である。一番速いだけではない。努力が賞賛されることが大切である。

(5) 音読から朗読へ
―「キャラクタープロデュース会議」

「かぎ括弧」が多用されている文学作品は、登場人物の話し方が問題である。昔話や落語などのおじいさん・おばあさんが出てくる話を読むときは、キャラクターをプロデュースしたい。「どう読んだら『かさこじぞう』のじいさま・ばあさまの声になるかな」と問い、会話だけを取り上げ考えて音読させる。

まず、読む個所を決める。教科書二ページ分ほどの量が適当である。グループに分かれて、読みたい個所を決める。プロローグ、会話が多い場所、山場、エピローグ、など、物語の流れによっては、穏やかに読んでいく個所、緊張感が高まるところ、大団円・ハッピーエンドなど、全体を支配する雰囲気も含めて読む個所を決定する。

「かさこじぞう」は、小2の教材である。

> 「ああ、そのへんまでお正月さんがござらっしゃるというに、もちこの用意もできんのう。」
> 「ほんにのう。」
> 「なんぞ、売るもんでもあればええがのう。」
> 　じいさまは、ざしきを見回したけど、なんにもありません。
> 「ほんに、なんにもありゃせんのう。」

次に、グループをごとに配役を決める。この時、女子がおばあさん役をする必要はない。多少大げさに表現できる子を登場人物に、しっかり読める子は語り手になるようにする。配役をきめたら、どんな風に音読したらよいかをそれぞれが考えながら練習をする。声を低くしたり、ゆっくりと読んだり、間を開けたりといろいろな工夫が出てくる。

「おじいさんはもっと悲しそうに話した方がいい」

「のんきそうに話をしているけど、本当はおなかが減っているから元気がよすぎてはだめだよ」

などと話し合いながら音読の仕方を考える。

「でも、おばあさんは、あんまり悲しんではいないかも。」

「反対。『ほんにのう。』って溜め息をついている。」

「でも、いつも貧乏なので、しかたないなあくらいに思っている。」

「おばあさんが『かさこさえて、町さ売りに行ったら、もちこ買えんかのう。』ってアイデアを出しているから、悲しんでいるより、何かできないかなあって考えている。」

「そのあとは、おじいさんも『帰りには、もちこ買ってくるで。にんじん、ごんぼもしょってくるでのう。』と、明るい感じで出かけて行くよ。」

「おじいさんが、はりきっているのがわかる。」

「おばあさんも、最初よりは、元気が出て、一生懸命かさを作ったから、きっといいことがあるよと思っていると思う。」

語り手の読み方も、しっかりはっきりのニュース風の読み方や登場人物の気持ちを一緒に込めて語ることもある。読み手の思いだけでなく、合わせたときにしっくりするか違和感があるかで読み方を変えていく。

「『ばあさまは、土間の方を見ました。すると、夏の間にかりとっておいたすげが、つんでありました。』というのは、おもちを手に入れるための方法があったよ、気がついたぞ、という感じで読んだ方がいいよ。」

「でも、気がつくのはばあさまだから、ナレーターは普通に読んだ方がいい。」

各グループで役割ごとの音読の練習ができたら、物語の流れの順に発表会をする。誰がイメージに一番合うか、誰のどんな工夫がよいかを話し合う。配役ごとにベストパフォーマーを選び、ベストのメンバーで最終の音読をしてもらう。話に聞き入って笑ったり、拍手が起こったりする楽しい授業となる。

(6) 表現力を高める「朗読放送」

物語の構成は、「前話《まえばなし》・展開・山場・後話《あとばなし》」などの構成になっている。また、山場には「クライマックス」がある。高学年になったら、物語の構成を意識して朗読をさせたい。前話や後話は、抑えめの声で、山場は感情を声質・声量・速さ・間の開け方の四つの観点でどうするかを決めて読んでみる。また、誰の声がイメージに近いのかについても話し合って決めたい。

言語活動としては、「朗読放送」という目的意識を持ちながら、クラスで配役を決めていくのである。音読をしない子たちも、効果音やＢＧＭ、あいさつなどを担当して録音する。台詞についいては演者を一人ずつ、話者については、場面ごとに複数で担当してもよい。二人同時に読む、一人が読み終わらないうちに次の人が読み始める等、いろいろな工夫も楽しむとよい。

最近はデジタルで録音もできるので、よいところばかりをつなげて「朗読放送番組」を作る。お昼の校内放送で流すまでが学習活動となる。

5　音読の意義

音読について述べてきたが、いくつか注意点がある。抑揚の付けすぎの音読が、スタンダードだと思われていることとである。普段話す話し方に近い読み方が基本である。物語の人物を演じるときの読み方と、使い分けがはっきりできるようにしなければならない。

また、授業時数の問題から、時間がかかる全文音読をせずに、場面ごとの音読だけで終わらせてしまいがちである。全文音読は、物語の流れ、前話・山場・後話などの構成をつかむ意味でも重要である。「音読カード」などを使って家庭学習として取り組みたい。

物語や説明的文章の学習では、音読を十回はしておく必要がある。作品や文章を横断的に目を通しておくことで、説明的文章の段落ごとのつながりや関係、文学作品の仕掛けや伏線などが、少しずつ見えてくる。

経験則として十回程度の音読なくしては、書かれていることを組み合わせながらの読み取りはできない。まさに「音読は深層のよみへのパスポート」である。深く理解したり、書かれていることを吟味したりするために必要不可欠な学習活動である。楽しく、夢中になれるような音読の方法を指導するためには、教師の豊かな教材研究がぜひ必要である。

音読は、記憶力のアップにもつながる。「見て・言って・聞いて」頭に入るからである。かけ算九九が覚えられない子に、滑舌の悪い子がいる。「シチ」なのか「ハチ」なのか「イチ」なのか。「シ」なのか「ニ」なのか……。はっきり言えない子にかけ算での混乱が見られる。音読練習で語尾までしっかり言えるよう練習をすることで、算数にも効果が現れる。

2 俳句の「創作」力を上達させる授業入門
――俳句づくりの指導の「いろは」

熊谷　尚（秋田大学教育文化学部附属小学校）

1　学習指導要領の中の「俳句」

小学校学習指導要領「国語」では、3年・4年の「伝統的な言語文化と国語の特質に関する事項」に俳句が登場する。

> 易しい文語調の短歌や俳句について、情景を思い浮かべたり、リズムを感じ取りながら音読や暗唱をしたりすること。

さらに解説編では、次のように述べられている。

> また、短歌や俳句を自分でもつくってみたいという気持ちをもつように指導することも大切である。実際につくってみることで、よさを実感し、音読することの意義を深く理解することになる。

単に音読・暗唱するだけでなく、俳句の創作を通してこそ、その文芸性をより一層実感することにつながるという見解が示されている。そして、5年・6年の「書くこと」には、次の言語活動例が挙げられている。

> ア　経験したこと、想像したことなどを基に、詩や短歌、俳句をつくったり、物語や随筆などを書いたりすること。

では、俳句の創作を通してどのような国語の力を育てることができるだろうか。

- ・言葉のリズム・響きなど、日本語の美しさを感じ取る。
- ・「て・に・を・は」など、文法の理解を深める。
- ・言葉の適否・美醜等の感覚を磨き、言葉の使い方や選び方に自覚的になる。
・季語などを習得し、語彙を拡充する。
・比喩など、詩のレトリックを習得する。

思いつくままに挙げてみたが、それはまさに枚挙にいとまがない。学習指導要領に位置付けられたことで、俳句づくりの取り組みが急速に広がっている。その一方で、「俳句をつくらせるのはよいが、子どもの俳句にどう指導を加えたらよいかが分からない。」といった声を聞くことも多くなった。そういう悩みに少しでも応えるべく、俳句づくりの指導の「いろは」を紹介する。

2　二つのルール—「五七五」と「季語」

①「五七五」のリズムでつくること
②「季語」を入れること

俳句づくりで必ず押さえたいルールはこの二つである。昨年度、5年生を対象に俳句づくりのオリエンテーションをしたときの授業の様子を紹介しながら、「五七五」と「季語」の働きについて述べる。

「はとの子のつばさを広げて大空へ」

これは、私の勤務校の昨年度の児童会スローガンである。これを板書して、授業を始めた。

教師①　標語などには「五七五」のリズムがよく使われますが、このスローガンは…。
子ども　「五七五」になっていません。
子ども　「つばさを広げて」は八音です。
教師②　こういうのを「字余り」と言って、俳句ではできれば避けたいことなのです。意味を変えないでこれを「五七五」に直せないでしょうか。
子ども　「を」を取ればいいと思います。
子ども　「はとの子のつばさ広げて大空へ」と直せる。
教師②　なるほど。助詞の「を」は省略できるんだね。
子ども　「はとの子のつばさを広げ大空へ」でもいいよ。
子ども　「つばさを広げて」よりも「つばさを広げ」にした方が、読んだときにリズムがよくなる。
教師③　「五七五」にすると、「決まった！」という感じがしませんか。俳句をつくるときは、この「五七五」のリズムを特に大事にしていきましょう。

「五七五」の定型を強いることは、子どもの自由な感性の発露を妨げると見る向きもあるかもしれないが、むしろ、「五七五」という縛りがあるからこそ、どの子ども意欲的に俳句をつくろうとする。作文指導で、筆の進まない子どもに対して「あなたの書きたいことを自由に書いていい」という助言が全く無意味なことは誰しも認めるところであろう。私は俳句づくりの入門期であればあるほど「字余り」や「字足らず」にせず、「五七五」を守るように指導する。「自分の言いたいことを何とかして五七五でまとめる」という課題を課すことが、子どもの発想力と表現力をかき立てる。

「五七五」と同じく大切にしたいのが、「季語」を必ず入れることである。無季俳句というのもあるのだが、有季定型の基本を先に学ぶのがよいと私は考える。

教師④　「はとの子のつばさを広げ大空へ」、これをひとひねりして、俳句にしてみましょう。「鳩の子が翼を広げる」というのは、どういうことですか。

子ども　はじめて自分の力で飛ぼうとしているのかな。

子ども　「巣立ちをする」ということだ。

子ども　巣立ちの季節ということは、春じゃない？

教師⑤　春に巣立ちをする鳥は多いようですね。

子ども　それなら「大空へ」を「春の空」にすればいいと思います。「はとの子のつばさを広げ春の空」。

この後、歳時記や国語辞典を与え、ほかの案も考えてみるように促した。すると、「春の空」以外にもいろいろな季語が挙げられ、「どの季語が最もふさわしいだろうか」という話合いになり、授業が非常に活気付いた。

はとの子のつばさを広げ春の凪
はとの子のつばさを広げ春の虹
はとの子のつばさを広げ春の雲
はとの子のつばさを広げ春の朝
はとの子のつばさを広げ春の夕

「春の虹」という季語に惹かれるという意見が多く出されたので、「春の虹」という季語からどのようなイメージが連想されるか問うたところ、子どもたちから次のような反応があった。

・七色　・美しい　・明るい　・やさしい　・未来
・果てしない　・すぐに消えてしまう　・夢の世界

そもそもなぜ俳句に季語を入れるのか。俳句のルーツは連歌の発句であり、そこには必ず季の詞を折り込み、主催者への挨拶の気持ちを込めるという約束事があった。正岡子規が発句を「俳句」と言い換えたが、その約束事は継承された訳である。しかし、古くからの約束事というだけでは、子どもたちに季語の働きを実感させることは難しい。「春の虹」の例のように、季語からどんなイメージが連想されるかを考えることで、言葉には文字通りの直接的な意味（デノテーション）のほかに、言外の意味（コノテーション）があることを子どもたちは知ることができる。季語は、四季のはっきりした日本において、私たちが四季折々に感じてきた様々なイメージを内包しながら現代に受け継がれてきた言葉である。だから、俳句の中で用いることで、直接書かれていないことまでをも表現し得るのである。短い詩型で森羅万象の世界を詠えるのは、季語の働きがあるからにほかならない。季語の斡旋が一句の良し悪しを決めると言っても言い過ぎではない。先の事例で、子どもたちが「春の空」を「春の風」「春の虹」などの季語と入れ替えながら吟味したことは、実は俳句づくりの正攻法の一つである。

このときの授業では、歳時記に「巣立」や「巣立鳥」という春の季語が載っていることを見つけ、それを用いて俳句を考えようとする子どもも見られた。

歳時記は、俳句の手引きであるばかりでなく、繙けば日本の豊かな自然風物や生活文化の知恵に触れることができる情報の宝庫である。子ども向けのものも多数出版されているので、ぜひ教室に備えておきたい。

「五七五」と「季語」を徹底して教えるだけで、大半の子どもは楽しんで俳句を作るようになる。「俳句づくりは高学年で」という固定観念がどこかにあるようにも感じるが、私の経験から言えば、学年を問わず、一年生は一年生なりに、六年生は六年生なりに俳句づくりに取り組むことができる。芭蕉は〝俳諧は三尺の童にさせよ〟と言った。低学年のころから俳句づくりに親しませることは、教育的にたいへん意義のあることだと思う。

なお、俳句の基本として「切れ」の手法も欠かせないものであるが、その理解は小学生にはハードルが高すぎると考えているので、本稿ではあえて触れていない。

3　「禁じ手」を指導する

「五七五」と「季語」のほかに、入門期にぜひ指導しておきたい俳句づくりの「禁じ手」がいくつかある。

①　季重なり

季語は一句に一つが基本である。素堂の「目には青葉山ほととぎす初がつを」などは例外中の例外と考えたい。

花咲いたうぐいす鳴いた春が来た

この句は季語が三つもあり、しかも当たり前のことを言っているだけで、そこに新鮮な感動は感じられない。

薔薇の花ゆらゆら台風接近す

この句は措辞は巧みだが、やはり季語が二つ入っている。しかも薔薇が夏、台風が秋の季語であり、季節感にぶれがある。推敲の余地がありそうだ。

② 感情を生の言葉で表すこと

初雪の休み時間は楽しいな

「きれいだな」「うれしいな」「楽しいな」など、俳句のつくり始めのころには、五音で感情をそのまま表す言葉を使った俳句がよく見受けられる。しかし、俳句づくりに慣れてきたら、安易に生の感情を言うことを控えるように助言したい。この句を作った子に「何をして遊んだの。」と聞くと、「手つなぎおに」と答え、その子は次のように俳句を作り直した。

初雪の休み時間のおにごっこ

状況がより具体的になり、初雪にはしゃぎながら遊ぶ子どもたちの姿が臨場感をもって伝わる句になった。

③ 動詞の多用

日が射して光り輝き雪が降る

この句には、動詞が三つもある。例えば、雪は降るものと決まっているので、「降る」は省略することが可能である。十七音という短さで表現するには自ずと限界があるので、瞬間を切り取って、あるいは一面を活写して読み手に物事の全体像を想起させるように詠むのが俳句である。動詞が多いと散文的で説明的になってしまい、詠みたいことの焦点が定まりにくい。動詞の多用を避け、省略を効かせると、韻文的で詩的な表現になる。

4 大切にしたい「推敲」

作文指導と同様、俳句づくりにおいても自分の作品をよりよいものに仕上げるために推敲することの大切さをしっかりと指導したい。時間をかけて何度も推敲し一句が仕上がったときの喜びは、ひとしおである。子どもたちにぜひともそういう体験をさせたいものである。

① 言葉の選択を吟味する

原句　北風がコートの中を通りぬけ

句意は十分に伝わるのだが、「通りぬけ」という表現がコートに吹き込む北風の描写に本当に適切だろうか。

推敲案　北風がコートの中をくぐりぬけ

北風がコートの中に吹きつける

北風がコートの中に入りこむ

自分の詠みたいことをぴたりと言い当てる言葉が見つかるまで、何度も吟味しなければならない。

② 語順を変える

原句　チューリップ風にふかれて歌ってる

推敲案　歌ってる風にふかれてチューリップ

原句の上五《かみご》と下五《しもご》を入れ替えるだけで、印象がずいぶんと違ってくる。「歌ってる」のは何だろう、と想像させておいて、種明かしをする要領である。言葉を下にもってくるほど、強く印象に残るという効果もあろう。

原句　梅雨晴やしずくひとつに虹光る

推敲案　梅雨晴やしずくひとつに光る虹

「虹光る」が動画のイメージだとすれば、「光る虹」は静止画のイメージと言ったところか。「〜や」で詠い出したときは、名詞で止めると座りがよい。

③ 「一字」にこだわる

原句　学校田正宗公の案山子立つ

添削案　学校田正宗公の案山子立て

「立て」にすると、手作りの案山子を学校田に立てる作業をしている子どもたちの姿までもが見えてくる。一字の違いで句意をがらりと変わることの好例である。十七音しかないから、一字もなおざりにできない。

④ 表記を変える

原句　ヒマワリを残して園舎改築中

添削例　ひまわりを残して園舎改築中

向日葵を残して園舎改築中

ひらがな・カタカナ・漢字の表記の違いで言葉の印象が変わる。これは日本語ならではの特徴であろう。高学年であれば、こういった点にも目を向けさせていきたい。

なお、『国語授業の改革9・新学習指導要領をみすえた新しい国語授業の提案』（学文社）には、はじめて俳句づくりをする子どもたちのための授業アイデアを紹介した拙稿があるので、参照していただければありがたい。

参考文献

藤井國彦『俳句をつくろう』一九八九年、さ・え・ら書房
辻桃子『作ってみよう　らくらく俳句』二〇〇〇年、偕成社

3 新聞が好きになる「編集の仕方や記事の書き方」の授業入門
――楽しい新聞づくりの授業

建石哲男（神奈川県川崎市立川崎総合科学高等学校）

1 「新聞」に関する学習指導要領の言語活動

小学校学習指導要領「国語」では、「新聞」作りにかかわって、3・4年の「書くこと」で、次のような言語活動例が挙げられている。

> イ 疑問に思ったことを調べて、報告する文章を書いたり、学級新聞などに表したりすること。
> ウ 収集した資料を効果的に使い、説明する文章などを書くこと。

そして「イ」については「学級新聞では、複数の種類の文章を集めて編集し、見出しをつけたり記事を書いたり、割り付けをしたりする」、「ウ」については「説明する相手や目的に応じて、本や文章、図表、絵画、写真、具体物などの資料を収集し、考えを高めることと、構成や記述のためにこれらの資料を活用すること」と『小学校学習指導要領解説・国語編』に説明されている。

また、5年・6年では、「読むこと」の言語活動例として次が挙げられる。

> ウ 編集の仕方や記事の書き方に注意して新聞を読むこと。

「編集に当たっては、活字や図、写真などの大きさや行数、配置などを決める割り付けなどが行われている。記事は、逆三角形の構成と呼ばれることもあるように、結論を見出しで先に示し、リードから本文へと次第に詳しく記述されている。（中略）このような特徴を理解し、編集の仕方や記事の書き方に注意して読むことが大切である。」と『解説・国語編』で説明されている。

この稿では「作ることに興味を持たせ」「あまり大変でなく」「仕上がりがよく」「グループで協力できる」新聞づくりの方法を紹介したい。

2 複合的な力が要求される新聞作り

ところで新聞の記事を作成し、編集するには、当然のことながらさまざまな力が要求されることは言うまでもない。取材をすれば、その取材に向けた準備やインタビューといった話す力・聞く力、記事を書く力、リード文にまとめる力。効果的な見出しを作る力、紙面の構成を考える力、文字を丁寧に書く力、さらにはレタリング力やカットを書く力なども必要になってくる。

だから新聞を作ることは教員が思う以上に子どもには負担なのである。ただ、「新聞を作ってみましょう」といったやり方では、狙いに逆行して、新聞作りの嫌いな生徒を増やすことにもなってしまう危険性があることを意識しておきたい。

3 評価するポイントは学習目的を中心に

どうしても言語活動は、活動すればいいといった感じになり評価がおざなりになりやすい。最初の「作ってみる」という体験の時には、できたこと自体を評価するのでもちろんいいが、何度もそれでは学習活動として問題である。ただし新聞の評価は難しい。それは生徒に相互評価をさせたときはもちろん、教師の評価も、見た目の綺麗なものが高い評価になりやすいからである。しかし、活動の学習目標を、学年や子どもたちの実態に応じて明確にして、（たとえば見出しの工夫など）それに沿って評価をしていくことで、それを防ぐことが少しでもできよう。

また、言語活動の広がりといった点からも、「学習の目標」も意識した生徒相互の合評会などをしたり、「よかった点」「工夫されている点」などといったお互いが認めあう評価カードを記入して作成者に還元したりすることなども、お互いに刺激になって、生徒のやる気につながる活動である。

4　「見出し」を工夫させよう

私の勤務している高校生に、小中時代の新聞作成の楽しかったことを聞くと「見出しを何にしたら気を引けるかと考えたこと」「プロっぽい見出しを工夫したこと」「面白い見出しを作ること」がたくさんあがってくる。やはり面白くて読み手の関心をひきつける見出しを考えること、それが楽しい新聞作りの鍵なのである。（また、この学習は後日、本を紹介する帯作りなどの活動にも発展させることができる。）

ところで、「学校」の授業やホームルームで子どもが作成する「新聞」とは、「何を伝えようとするものなのか」と改めて考えてみると、調べたり体験したりしたことを報告することと一緒に、そこで「感じたり考えたりした思い」を中心に作られるものではないか、と考えられる。

だから、その「思い」を伝えられる新聞、そしてそれがわかる見出しを作らせるようにしたいと考えている。

実践例　中学校での修学旅行を題材に

「見出し」作りが新聞作りの鍵と書いたが、しかし、指導をしないと多くが似通った見出しになってしまい、がっかりすることにもなりがちである。修学旅行を題材にした、私の失敗からの実践を簡単に報告したい。

班で一枚の新聞作りを指示すると、まずほとんどの班が「楽しかった修学旅行」をトップ記事の見出しに下書きを作り始めていた。これではダメだと思い、「修学旅行特集号」とさせて、新聞名も修学旅行にちなんだ名前にさせた。そして個別の場所や思い出をそれぞれの記事にするようにさせ、「ひと目で内容がわかる」見出しをつけるように指示しなおした。

すると「楽しかった班別行動」「面白かった○○」「怖かった清水の舞台」などといった見出しが下書きに並んだ。確かにそこで体験したことの感動や驚きは想像つくのだが、どうも工夫が足りない。そこで記事はそのままにさせて、見出しだけを作り変えさせる時間をとることにした。

そのときの指示は次のようなものである。

> 「楽しかった」といわずに、それを感じさせる見出し
> 「面白かった」といわずに、それを感じさせる見出し
> 「驚いた」といわずに、その驚きが伝わる見出し
> 　そういった見出しを工夫して作ってみよう。

一人ではなかなか思いつかない生徒もいるようなので、班の中でお互いに相談して協力するように指示した。

すると「鹿天国　奈良公園」「絶景かな、清水の舞台から」「やはりでかかった大仏さま」「キュッ、キュッと泣く床」等々が工夫した表現へと変わっていった。

（この、直接的な思いのその言葉を使わないで、でもその思いをつたえる表現を考えさせるということは、短歌づくりなどの言語表現活動にも共通する、有効な指示だと今では思っている。）

また学習新聞でも、同様で見出しの吟味が面白い学習になる。臺野芳孝先生（千葉市立海浜打瀬小学校）のクラスでも「不便？いえいえ知恵です。昔の道具」「謎の真相　六つの点であかさたな」（点字新聞）など子どもが楽しく工夫して考えている。

6　記事の書かせ方

四年生の各教科書でも、見出し・リード文など新聞の記事の構成を学習しても、「新聞を作ってみよう」という単元の作成記事例を見ると、リード文がないものばかりである。まずはリード文がない形からスタートしてみよう。作成になれたところでリード文をつくることを足していく。そういった風に最初から教師が欲張りすぎないことも大切だと思う。

さて、子どもは自分を話者として、「ぼくは○○に行きました。」「感動しました。」「楽しかったです。」「面白かったです。」のような記事を書きがちである。

「私」に語りの中心がありすぎなのである。だから、少し客観的な書き方に変えることが必要である。それにはどうしたらよいか。たとえば次のように指示する。

> 事実を伝える文章の形にしよう。主語に「ぼく」「私」を使うのをできるだけやめよう。また、「ぼく」「私」と書きたいときは、「記者」と表現してみよう。
> 「自分がすごいなとか、面白いなとか、思ったことは何かな？」
> 「何のどんな様子にそう感じて知らせたいの？」
> 「でも、それを「すごい」とか「面白い」などの言葉をできる限り使わずに書いてみよう。」
> 「それには、大きさや時間、人数などといった具体的な数字を使ったり、修飾語で工夫してみたりするといいね。」

また、記事のかたちなどのバリエーションがあったほうが見やすいことを、実際の新聞を参考にしながら指導したい。

・インタビューの記事はQ&Aの形にしたりすることも、普通の記事の形にまとめて書くこともできるよ。
・編集後記には新聞作成の感想などを書こう。
・囲み記事でのコラムなども入れるとプロっぽいね。
・四コマ漫画（基本的に起承転結の構成で描かれていることを学習するとさらにいい）などもできたら入れると楽しいね。

また、調べたことはそのサイトや本など出典を明記させることも忘れずに指導したい。

8　視点を意識する体育祭「スポーツ新聞」づくり

各教科書では、新聞記事の見出しや記事の書かれ方を比較検討しながら、記者の意図について考えさせたりしている。事実が客観的に報道されているだけのように見える記事に、伝える側の意図が込められていることは、普段見過ごされがちであり、それを意識するには、異なる新聞の同じ記事を比較検討することは非常に有効であることは言うまでもない。ただ、一般紙の報道記事では、それはかなり難しいものが多いことも事実である。その点、スポーツ紙の記事の比較はわかりやすいので、私はまずそれを先に行っている。

ただ、そういった意図について、読みとくことができるようになっても、実際書くときには意識しづらいものである。ところで、学校でも体育祭は、勝敗があり、勝った団と惜しかった団という、異なる立場が存在する機会である。そこで、それぞれの立場からの新聞作りを行ってそれを比較検討するのは生徒にもわかりやすい。

体育祭でスポーツ新聞を作ろう!

クラスをばらばらにして団を結成しているなら、なおさらやりやすい。赤団の生徒は、赤団の立場からの新聞を、黄団の生徒は黄団の立場からの新聞作りをさせてみるのである（クラスごとなら、他のクラスが作成した新聞と比較してみればよい）。「自分のチームに思いっきり肩入れした新聞を作ってみよう」と指示すると伝わりやすい。優勝したチームのものは「赤団優勝」をはじめ「赤団〇〇団長男泣き」などの見出しが並ぶが、他の色の団のものには「黄団あと一歩」「綱引きは緑団圧勝」

などの見出しがつき、事実はひとつなのに書かれ方はさまざまにあることを実感しやすい。

9　レイアウト用紙を切って、班員みんなで作業や清書

班で作ると、清書など一人ずつしか作業できなくて効率的でないことになりがち。そこで、グループで作成させるときは、レイアウト用紙を切って担当に配り下書きをして、それをテープで貼り付ける。そして校正や確認をしたら、清書用紙も同様に切ってそれぞれが丁寧に作業をして最後丁寧にテープやのりで張り合わせる（壁新聞も大きいので張り合わせるときに慎重さが求められるが、同様に作業できる）。また最後に、子どもにとって、仕上がりの見栄えのよさは「達成感」「次回への意欲」にかかわる重要なポイントである。

仕上がりをよくするちょっとしたポイント

※　新聞用紙を使うとレイアウトが楽になって負担が減る。
※　素敵な題字を作って配布してあげてもいい。
※　外枠をつけると急に新聞らしくなるので必ずつける。
※　段組の罫線（横線）を必ず入れる。本物同様に、外枠に交差するちょっと手前で止める。
※　外枠上のヘッダは必ず真ん中にくるようにさせる。
※　イラスト・カット・写真は自由に使えるようにコピーしておこう。写真には説明のキャプションをつけよう。

高校生作成の国語学習新聞

他に「午前の栄光」などの題のものも

4 「文書と図表」の関連を生かした新しい説明文の授業入門
――「ウナギのなぞを追って」(塚本勝巳)

庄司伸子(秋田県山本郡三種町立琴丘小学校)

1 はじめに

小学校教員として高学年を受け持ち、学習状況に関わる諸調査を通して、目の前の子どもたちに浮かび上がってきた国語に関する課題は次のようなものであった。

・複数の資料を組み合わせて判断するといった「関連付けて読む力」の不足

・表やグラフなどの資料をもとに文章に表すなどといった「関連付けて書く力」の不足

言い換えると「複数のものを組み合わせ、構造的に読んだり書いたりする力」に課題があるということである。表やグラフを意図に沿って読み取ったり、読み取ったことを言語化したりするような学習経験の不足ももちろん原因として考えられる。それだけでなく、これまでの自身の国語科の授業や、さらに自身がかつて受けてきた授業を振り返っても、どちらかといえば文章(「連続型テキスト」)の読みに力が注がれ、図や表・グラフの読みについて、また本文との関連については軽視されてきたと思う。図や表・グラフ等は、社会や算数、理科など他教科でも多く扱われるものだが、そもそも図や表・グラフは言語を図式化したものである。そのように考えると、図や表・グラフ自体が論理的な思考を表すための言語能力であるといえる。したがって図や表、グラフ等を「言語によって把握する力」「言語に置きかえて考える・表現する力」をつけるために読むことは、国語科の授業として意義のあることと考える。

昨年度から小学校学習指導要領が完全実施され、新国語科教科書が使われている。改訂前の教科書に比べて図や表・グラフといった「非連続型テキスト」を意図的に取り上げている教材が多くなった。教科書で取り上げられている教材を使い、単元の中に文章と図や表・グラフとの関連を図った学習活動を組み入れることにより、図や表・グラフを読むことも文章に表されていることへの理解を深めることにつながり、かつ、図や表・グラフを読むことの有用性をも子どもたちに実感させることになると考えた。

小学校学習指導要領の3年・4年の「話すこと・聞くこと」の言語活動例には次のような記述がある。

> ウ　図表や絵、写真などから読み取ったことを基に話したり、聞いたりすること。

また中学校学習指導要領の1年の「読むこと」の言語活動例には次がある。

> イ　文章と図表などとの関連を考えながら、説明や記録の文章を読むこと。

新教科書には図や表・グラフを盛り込んだ興味深い教材がいくつかある。「図表やグラフなどから読み取ったことと文章との関連を見出すこと。」という言語活動を設定し、図や表・グラフ等を読む学習を単元の中に取り込み、文章との関連付けを図った教材開発と授業実践を試みた。

2　「文章と図表」を関連させた説明文の授業

使用した教材は「ウナギのなぞを追って」（光村図書4年下）である。本来は4年生の教材なのだが、本文と図表を別々に提示し、これらが互いに関連し合っていることを気付かせたいと考え、5年生の一学期（二〇一一年）に行った。教科書改訂の一年目に実践した授業であるため、子どもたちにとっては初めて出合う教材である。

図や表・グラフ等に関してこの教材で押さえたいねらいを次の二点とした。

> 【ねらい1】図や表をていねいに読むことにより、それぞれの図表が対応する文や段落を見つけ、図表と文章との関連に気付くことができる。

> 【ねらい2】図表や写真だけ、あるいは本文だけでは十分に伝わりにくいことがあるが、それぞれを関連付けて読むことでより説得力を持たせることができる。

単元は、全九時間である。主な流れは、⑴前文・本文・後文の三部構成で文章を把握する。⑵連続型テキストに図や表があると分かりやすくなることに気付き、図や表から読み取れることと文中の後の関連により、それぞれの図表が対応する文や段落を見つける。⑶柱の段落や柱の文に注目し、大事な言葉を落とさずに要約する。（前文と本文2）⑷ウナギの卵が発見されたときの新聞記事を活用し、卵が見つかった事実を文章化して最終段落を書き換える。

3　授業の記録

ここで取り上げる時間は⑵（三・四時間目）である。

⑴　ねらい1に関わる授業

この図に対応する文章は、第1段落である。

図A

> 今年もマリアナの海にやって来ました。日本から真南に二千キロメートル、周りに島一つない海の真ん中です。毎年のようにここにやってくる目的は、ウナギがどんな一生を送る生き物なのかを調査することです。あざやかなぐんじょう色の海は、白い船体を青くそめてしまいそうです。

子どもたちがこの図Aから読み取ったことは次のようなものであった。

> 場所が分かる…マリアナの海／台湾／日本
> 方角が分かる…上が北を示している
> 色で示す…茶色（山）／水色（水／海）
> その他…マリアナの海は大きい／海や陸地は色が違う／縮尺でおおよその距離が分かる

教師①　対応しているのは何段落ですか？
子ども　対応しているのは1段落だと思います。
教師②　どうして1段落だと思ったの？
子ども　（N）「マリアナの海」「日本から」「二千キロメートル」「海のまん中」と書いているからです。
子ども　Nさんに付け足して、「真南に二千キロメートル」と書いているからです。

教師③ 真南に二千キロメートルって地図からも分かるの？

子ども 地図に縮尺がある。

教師④ そうだね。本当にそうか、定規を使って確かめてみよう。

子ども 私も第1段落だと思います。わけは、第1段落はマリアナの海のことが書いてあるけど、第2段落はウナギの話になっているからウナギの写真になると思うからです。

教師⑤ あなたは第2段落にはウナギの写真がほしいのね。さて、図で読んだことから対応する段落が見つかったということから、図と文章は関わり合っているということが分かったね。

ここでポイントとなる指導は、子どもたちが無意識に結び付けている本文と図表の関連を外言化させること（教師③）である。「日本から真南」なのは図Aでは方角の記号から、また二千キロメートルは縮尺に注目することで関連を確かめることができる。これらを一つ一つ取り上げて話させることで図表と本文の関連を見出すことができた。

(2) ねらい2に関わる授業

図表といった「非連続型テキスト」は、本文を分かりやすくするために使われているということを子どもたちは既習事項として認識している。本文の分かりにくさを「分かりやすくしてくれる存在」という見方で子どもたちは図表の読みをしていたのだが、図Bを読んだとき、記号が何を示すのか図Bからは分からないという場面に出合う。

そうしたときに、恣意的な読みとりをしてしまう場面があった。しかし、図に注目し、友だちのつぶやきに自然と反応する姿も見られた。教師→子どものつながりだけでなく子ども相互のつながりが生まれ、対話しながら文章と図や表・グラフとの関連を読む学習となった。

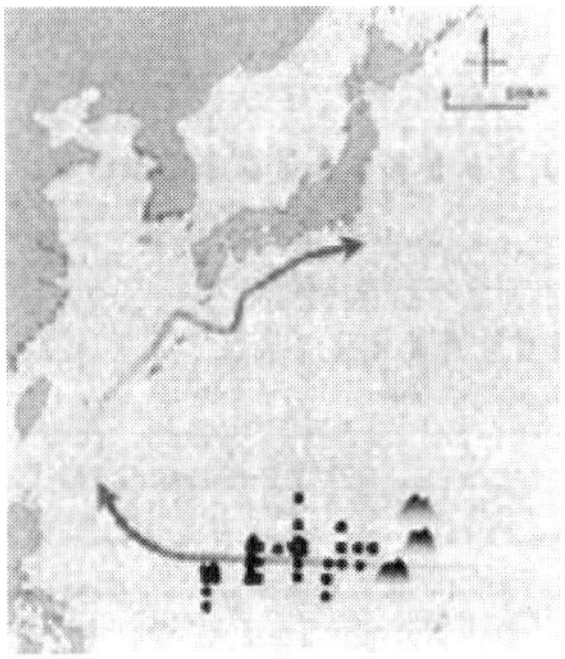

図B

この図は、第7段落に対応する。

一九九四年ごろ、調査グループでは、これまでの調査で分かったことを、もう一度整理することにしました。（中略）レプトセファルスがとれた場所を地図上に記し、とれたときの体長と合わせて考えていくと、あることに気がつきました。西向きに流れる北赤道海流をさかのぼって、東へ行くほど、とれるレプトセファルスは小さくなっています。しかし、ある地点をこえると、それがぱったりととれなくなっています。海流の地形図でたしかめると、その地点には、大きな三つの海山《かいざん》がありました。親ウナギがたまごを産む場所を決めるときに、これらの海山が何かの役に立っているのかもしれない、わたしたちは、そう考えました。

教師⑥　では次の図表の読みに進みましょう。
子ども　山だ。
子ども　海山でしょ。
子ども　波じゃない？
子ども　点々がある。
子ども　えさかな
教師⑦　では図Bから読んだことを話してください。
子ども　海山があります。
教師⑧　海山って何？
子ども　海の中にあるの？
教師⑨　どうして海山って分かったの？ちょっとそれはおいておこう。
子ども　赤い丸はレプトセファルスを生んだところだと思います。
教師⑩　そうなの？そこまで分かるの？
子ども　分からない。
教師⑪　ということは赤い丸を見て予想したんだね。
子ども　赤い丸はたまごだと思います。
子ども　Sさんに付け足して予想すると…
教師⑫　ちょっと予想が多くなってきて、図の読みから離れてきているから、あくまでもここ（図B）から分かること、読み取れることにしぼりましょう。他の図表を読んだときに見つけたことや単純だと思うことでも取り上げる意味があるよ。
子ども　海流の矢印に沿って点があります。
教師⑬　これは図から読み取ることができるね。
教師⑭　ではどの段落と対応しているのか考えを聞かせてください。
子ども　私は第7段落だと思います。

子ども　ぼくは9段落だと思います。
教師⑮　それぞれの理由を聞きたいな。
子ども（R）私は第7段落だと思います。理由は10行目に「ある地点をこえると、それがぱったりととれなくなっています。」「海底の地形図で確かめると、その地点には、大きな三つの海山がありました。」というところが図Bに示しているのと同じことだと思うからです。
子ども　Rさんに付け足します。10行目の「ある地点〜」のところは図Bの海山のところから何もないというところと同じだと思います。
教師⑯　第9段落を選んだ人、理由はありませんか。
子ども　第9段落の6行目に「マリアナ諸島の西にある海山付近を調査していたときのことです。」とあって、「白い丸いものが…」というものがたくさん見つかったとあるので、それが赤い丸じゃないかと思いました。
子ども　私は第7段落だと思うんですけど、海山を超えるとなくなると書いているし……。
子ども　ぼくは第9段落じゃないと思います。9段落の5行目に「新月の日の昼下がり…」ということが書いてあって、でも図Bには新月のことはついていないので。
教師⑰　第9段落は「海山の近く」と「新月のころ」の二つのことをまとめて書いているんだね。

ここでポイントとなる指導は、図Bの海山の左側にある「赤い丸」は何かという、図表からは分からないものについて子どもが主観的な発言をし始めたことに対して、「それは図Bから分かることか」について考えるよう助言した（教師⑫）ことである。発達段階を考えると、主観的な読み、客観的な読みといった区別は子どもたちにとって難しかったかもしれないが、示唆を与えることで読み方を身に付けてもらいたいという願いがある。なお、「赤い丸」は授業終盤の本文との対応の場面で本文を根拠にして解決できた。そして、「図だけ、文章だけでは分からないことがあっても関わり合うことで（補完し合うことで）分かりやすくなる」のだというまとめにつなげることができた。

（授業記録中の行数は、子どものために作成し直したテキストのものであり、教科書の行数とは一致しない。）

5 PISA「読解力」・全国学力調査「B問題」につながる「話し合い」「討論」の授業入門

――「モチモチの木」「クジラの飲み水」で活用型学力を育てる

内藤 賢司（国語科教育研究者・読み研運営委員）

1 知識活用型学力が求められている

二〇〇七年の全国学力・学習状況調査・中3国語「B問題」に出された問題中に芥川龍之介の小説「蜘蛛の糸」を取り上げたものがあった。作品全文が提示され、その設問の「三」で次のように問う。[1]

> 三　中学生の中山さんと木村さんは、以前に読んだ「蜘蛛の糸」は、「三」の場面が省略されていたことを思い出しました。そして、次のような会話を交わしました。
>
> 中山さん　私はこの「三」はないほうがいいと思うな。
>
> 木村さん　いや、この作品には「三」があったほうがいいと思うよ
>
> あなたは、中山さん、木村さんのどちらの考えに賛成しますか。（省略）あなたがそのように考える理由を次の**条件1**から**条件3**にしたがって書きなさい。
>
> （以下、省略）

「三」があった方がいいのか、ない方がいいのか、文章全体を踏まえて自分の考えを記述し表明する設問である。この設問では、次のような力が問われている。

・文章を踏まえて自分の考えを表明する力
・推しはかってものを考える力
・主体的に問題解決を図ろうとする力
・身につけている知識を活用する力

ひと言で言えば、知識を活用して課題解決をめざす学力（知識活用型学力）が問われているのである。これまでの日本の国語教育では、活用型の学力を育てるような実践はほとんどなされてこなかったと言えよう。

この知識活用型の学力を身につけさせるためにはどうすればいいのだろうか。

2 「話し合い」・「討論」を授業に取り入れる

まず、何と言っても、普段の授業の中に「話し合い」「討論」を取り入れることである。

充実した話し合いや討論が行われている授業では、次のようなことが起きているはずである。

・子どもたち全員が学びに参加している。
・意見交換が活発におこなわれている。
・多様な考えが出されている。
・相手の考えを聞き、賛成したり反論したりしている。
・自分たちで問題解決を図ろうとしている。
・教科内容に深く切り込んでいる。

話し合いや討論の中で、子どもたちは他者との意見交換を通してより確かで深い考えをもつようになる。

このことは、秋田大学の阿部昇も指摘しているところである。なぜ、秋田の子どもたちの学力が高かったのか。平成一九・二〇年度の全国学力調査の結果を分析した阿部は、その要因の一つに、秋田県では意見交換のある学習が多くの学校に取り入れられていることを指摘している。そしてまた、この意見交換で身につけた力が、「意見表明が求められる記述式設問や試行錯誤の思考・工夫が求められるような記述式設問」でも生きて働いているのではないかと言っている。[2] 阿部は、話し合い・討論のもつ力が活用型学力形成に大きく関わっていることを指摘しているのである。

それでは、話し合いや討論のある授業としてどのような学習内容をどう展開していけばいいのか。授業づくりのための切り口をいくつか提案してみたい。

3 構成・構造を把握させる

構成・構造を読むということは、文章全体を俯瞰しつつ、その文章がどのような枠組みで作られているのかを把握する学びである。

説明的文章であれば「前文」「本文」「後文」などをとらえる学びであり、物語・小説であれば「導入部」「展開部」「山場の部」「終結部」、あるいは事件の「発端」や事件の結節点としての「クライマックス」などをとらえる学びである。

例えば、「前文」をとらえる場合を考えてみよう。前文の指標は「文章全体に関わる問題提示の部分」である。この指標を活かしながら、どこまでが前文なのかを文章全体から推しはかって考えていかなければならない。子どもたちは知識を総動員させながら考えていくだろう。

このように、構成・構造を読みとる学びは、活用型の学力を培うためにも優れた学習内容だと言える。

そこで、構成・構造に関する二つの授業事例を示す。

(1) 説明的文章教材「クジラの飲み水」(中1)の文章構成(前文)をとらえさせる授業

「クジラの飲み水」(大隅清治)(三省堂)は、塩水しかない海の中でクジラがどうやって真水を獲得するかについて述べた教材である。内藤が指導した福岡県内の中学校での国語の授業を紹介する。

学級での班と班との討論の場面である。前文が2段落までか3段落までかの対立点を明確にさせた上で討論を展開させた。討論の前に、①子ども一人ひとりに考えをもたせ、②班での意見交換で班としての考えをもたせている。子どもたちは次のような討論を展開した。

3班 私たちは3段落までが前文だと思います。2段落にも問題提示があるけれど。3段落にも問題提示があり、2段落と3段落は繋がっていると思います。

1班 私たちは、前文は2段落までだと思います。3段落に「まず第一に考えられるのは」とか、6段落にも「第二に考えられるのは」と書いてありますが、ここはクジラの説明になっています。2段落の「それでは、いったいクジラはどのようにして飲み水を得ているのだろうか」が全体の大きな問題提示であり、他の段落の問題は、小さな問題提示だと思うからです。

4班 僕たちは、2段落までが前文だと思います。3班の言っている3段落というのは、大きな問題提示を受けたあとで説明をするために出されている小さな問題提示なんです。1班が言うように、この3段落と同じような問題提示が6段落にもあります。この6段落も、3段落と同じような小さな問題提示になっています。

この討論が有効なものとなったのは、対立点を明確にしていたからである。発言をうまく組織すれば、子どもたちは自分たちの力で課題解決を図っていくようになる。

(2) 小説「走れメロス」（中2）のクライマックスをとらえさせる授業

クライマックスというのは、小説の事件の流れが最も大きく変化し確定するところである。事件の結節点とも言える。この学びを通して、小説の中心となる「事件」は何なのかをつかませていく。

「走れメロス」（太宰治）のクライマックス論議では、多様な意見が出てくる。

A 「それだから、走るのだ。信じられているから走るのだ。間に合う、間に合わぬは問題でないのだ。人の命も問題でないのだ。わたしは、なんだか、もっと恐ろしく大きなもののために走っているのだ。（以下略）」

B 「私だ、刑吏！　殺されるのは、わたしだ。メロスだ。彼を人質にした私は、ここにいる！」と、かすれた声で精いっぱいに叫びながら、ついにはりつけ台に上り、つり上げられてゆく友の両足にすがりついた。

C （二人が殴り合いをした後の場面で）「『ありがとう、友よ。』二人同時に言い、ひしと抱き合い、それからうれし泣きにおいおい声を放って泣いた。」

D 暴君ディオニスは、（中略）こう言った。

「おまえらの望みはかなったぞ。おまえらは、わしの心に勝ったのだ。信実とは、決して空虚な妄想ではなかった。どうか、わしも仲間に入れてくれまいか。（中略）」／どっと群衆の間に、歓声が起こった。

Aは、メロスの走る意味が大きく変化し確定した場面である。Bは、メロスが刑場に到着し、友の命を救い王との約束を果たす場面である。Cは、友と友との友情が再確認される場面である。Dは、王の改心、そして町の平和がもたらされるという場面である。

どの場面も描写性に富んでいて、クライマックスの候補になりやすい。これらの意見を交流させながら、小説の中心を流れる形象（事件）とは何なのかをつかませていくのである。クライマックスを明らかにすれば、作品のつくり（しかけ）がよく見えるようになる。私はAをとりたい。メロスの自己変革こそがこの小説の事件だと考えるからである。

4　物語を吟味させる――「モチモチの木」（小3）の授業

活用型学力を身につけさせるためには、書かれている文章・作品に対して賛成したり反対したりして自分の考えを表明していくような授業（文章吟味の授業）が必要となる。これまでの授業ではこれが徹底的に弱かった。教科書に書かれている文章は、すばらしいものであるという前提で授業が行われていた。書かれている内容をなぞるだけの授業では、活用型の学力は育たない。

先にあげた「蜘蛛の糸」の問題「三」の設問も、作品の終結部の効果を吟味することを求めている。

「モチモチの木」（斎藤隆介）（光村図書）の終結部を吟味させていく授業について考えたい。

豆太は弱虫であったが、じさまの急病（突然の腹痛）に出会い、暗い雪の道を一人で泣き泣き医者さまを迎えにいく。それは豆太が見せた初めての「勇気」であった。豆太の「勇気」でじさまの病はすっかりよくなる。物語はここで終わってもよかった。しかし、終結部があり、豆太がまた「じさまぁ」と言って、毎夜しょんべんに起こしたというのである。

この終結部の効果について、子どもたちに吟味させることは効果的である。「この終結部はあったほうがいいかな、それともないほうがいいかな。」と問いかける。

予想される子どもたちの反応は次のようなものである。

A　ないほうがいいという考え

①せっかく豆太が勇気を出したのだから、強くなった豆太というところで止めにして欲しかった。

②豆太の勇気やがんばりを、ああよかったなあと思っていたのに、また弱虫になったのだから、私たちの期待は裏切られたようである。残念という思いだ。

B　あるほうがいいという考え

①勇気を出して成長していくということは、そう簡単なものではない。勇気を出したり弱虫に返ったりしながら私たちは成長をしていくのではないだろうか。

②なんだか共感がもてる。豆太がかわいく見えるし、だからこそこれからの豆太を応援したくなる。私たちと同じみたいだ。

このような意見を交換させることで、物語の面白さはますます際だってくる。そして、互いの意見表明を通して、一人ひとりの考えが太く豊かなものになっていく。

この他にも、文章のある部分や、視点を変えたりしながら吟味させてみるということも有効である。

・妹の視点で見れば、メロスはどう見えただろうか。

・誰が「走れメロス」と呼びかけているのだろうか。

吟味するということは、書いてあることをそのまま受け取るのではなく、もう一度文章に向き合い文章そのものを相対化してみるということである。ここでは、活用型の学力が大いに試される。

5 質の高い話し合い・討論をつくる努力を

活用型の学力を育成するためには、質の高い意見交換のある授業をつくりだす必要がある。課題の吟味はもちろん、班の構成のしかた、学習リーダーの指導、個々人に意見をもたせるための指導、班での学ばせ方、全体の場面での意見の交流のさせ方なども身につけさせたい。活用型学力育成のための力量が、今問われているのである。

注

(1)『読売新聞』二〇〇七年四月二五日朝刊

(2)阿部昇「全国学力学習調査・秋田県の結果に関する考察」『国語授業の改革9』二〇〇九年、学文社

参考文献

阿部昇「PISA「読解力」とCOE国語学力調査から」導き出される「読むこと」指導の改革課題」『研究紀要Ⅸ』（読み研）二〇〇七年

阿部昇『頭がいい子の生活習慣』二〇〇九年、ソフトバンク・クリエイティブ

1　「どうぶつの赤ちゃん」（ますい　みつこ）の1時間の全授業記録とコメント

阿部　昇（秋田大学）

授業日時　二〇一二年二月二一日（火）二時間目
授業学級　愛知県名古屋市立明治小学校一年二組
　　　　　男子一一名、女子一二名、計二三名
授業者　　加藤　辰雄　先生
※教材は、一三〇～一三一頁に全文掲載
※以下、破線内のコメントは阿部による。

本時は、「どうぶつの赤ちゃん」の第5時限である。黒板には「どうぶつの赤ちゃん」の本文全文が貼ってある。机は、前を向けたままでグループにはしていない。

1　授業の導入

教師①　これから国語の勉強を始めます。今日は動物の赤ちゃんの続きの勉強をします。1段落に質問が二つ書いてありました。一つ目の質問はなんだったでしょう。

子ども　「どうぶつの赤ちゃんは、生まれたばかりのときは、どんなようすをしているのでしょう。」です。

教師②　いいですね。これでした（板書を指し示す）。もうひとつ質問がありました。何でしょう。

子ども　「どのようにして、大きくなっていくのでしょう。」です。

教師③　はい、これでした。一つ目の質問の勉強はこの前やったね。今日は二つ目の質問の勉強をします。
　みんなで読んでみましょう。いいですか。ここからね。さんはい。

子ども　（一斉に）「どのようにして、大きくなっていくのでしょう。」

教師④　そしたら教科書を見て。ライオンの赤ちゃんが大きくなっていく様子の絵はどれですか。もう手が挙がっている、えらいね。どの絵ですか。

子ども　八八ページです。（母ライオンが子ライオンを口にくわえて運んでいる挿絵）

教師⑤　そうだね、これですね。大きくなっていく八八ページの絵でした。では、文字では何段落ですか。何段落に書いてあるでしょう。

子ども　4段落です。

教師⑥　4段落というと、ここ？「ライオンの赤ちゃんは」ってところ。さあ、まだ書いてあるところないですか。

子ども　3段落です。

お、見つけた人いるねえ、えらいねえ。

教師⑦　3段落、そうだね。大きくなっていく絵ですよ。どのようになって大きくなっていくか、大きくなっていく様子がみんなが見つけてくれたように3段落と4段落に書いてあります。

はじめにこの文章の大きな二つの問いを確認している。これで、この文章の大きな枠組み＝構成を把握し直させている。重要な指導である。

次に挿絵から「大きくなっていく」様子を確認し、それに対応する第3段落、第4段落に着目させるという指導を行っている。低学年の場合、その方が着目しやすいことがある。

せっかく第3段落、第4段落に着目したのだから、ここを一斉読で確認するとよかった。そもそもこの授業では、本文を音読する過程が欠落している。何度読んでいても、一日ぶりの教材なのだから、再度音読をしてから授業に入るべきである。

2 ライオンの「大きくなっていく」様子を要素に分ける

教師⑧ じゃあ、様子がいくつ書いてあるかな。いくつ書いてあるか、今から班でお話しして見つけてほしいの。赤ちゃんが生まれたばかりの時は三つ書いてあったよ。一つ目は大きさだったね。二つ目は耳と目。三つ目は「似てる似てない」お母さんに似てるか似てないか。三つのことが書いてあったね。じゃあ、大きくなっていく様子はいくつ書いてあるか、今から班で相談してください。見つけられるかな?よーい始め。

(子どもたちは、3~4人のグループの形に机を動かし、話し合いを始める。教師はグループを回り指導。)

(2分後。)

教師⑨ はい、もう見つけてくれた班がいっぱいあるから、はいじゃあ聞きましょう。1班はいくつですか?

子ども (1班)三つ。

教師⑩ 三つ。三つだよーっていうところ手を挙げて。

(複数のグループが手を挙げる。)

まだある。6班さんはいくつですか。

子ども 四つ。

教師⑪ 四つ書いてある? じゃあ、いっしょにやってみよう。一つ目どこに書いてある?すごいね、早いね。

子ども「一年ぐらいたつと、えもののとりかたをおぼえます。」

教師⑫ ここに一つあるっていうのね。これが一つね。まだあるよ。

子ども「そして、じぶんでつかまえてたべるようになります。」

教師⑬ ここもあるというのね。ここもある。なるほどこれで二つ。もうないかな。

子ども「おかあさんのとったえものをたべはじめます。」

(ここは、一文の後半。)

子ども「二か月ぐらいは、おちちだけのんでいますが、やがておかあさんと…」(前の子どもの前半を指摘。)

教師⑭ なるほど。

子ども「ライオンの赤ちゃんは、じぶんではあるくことができません。」

教師⑮ ああーなるほど。まだありますか。

子ども「よそへいくときは、おかあさんに、口にくわえてはこんでもらうのです。」

ここまで、子どもは、第3段落、第4段落にあるすべての文（五つの文）を指摘している。次の五つである。

1 ライオンの赤ちゃんは、じぶんではあるくことができません。
2 よそへいくときは、おかあさんに、口にくわえてはこんでもらうのです。
3 ライオンの赤ちゃんは、生まれて二か月ぐらいは、おちちだけのんでいますが、やがて、おかあさんのとったえものをたべはじめます。
4 一年ぐらいたつと、おかあさんやなかまがするのを見て、えもののとりかたをおぼえます。
5 そして、じぶんでつかまえてたべるようになります。

教師 ⑯ じゃあ、ちょっと数えてみよう。まずここで1だよね。2、3、それからここで4、ここで5。五つもあった。でもね、これ、似てるやつは一緒にしてもいいよね。どれとどれ似てる？

子ども 「一年ぐらいたつと、おかあさんやなかまがするのを見て」は見ているところで「おぼえ」てと、「じぶんでつかまえてたべる」と同じ。（「4」「5」の共通性の指摘。）

教師 ⑰ なるほど、すごくいいことに気がついた。よくよく見ると「そして」と書いてあるね。見ていて「そして」とつながってて自分で捕まえる。だから、この「一年ぐらい」からここまでは一緒にしていいですか。見ていて覚えて捕まえる。他に一緒にしてもいいところ、ないかな。

子ども 「ライオンの赤ちゃんは、じぶんではあるくことができません。」とその次のところ。（「1」「2」の共通性の指摘。）

教師 ⑱ どうして？

子ども 口にくわえて運んでもらうところが同じに見えるから。

教師⑲　歩けないから、くわえてもらうということ。これ一つでいいですか。

（ここまでで、「4」と「5」が一つ、「1」と「2」が一つに要素としてまとめられることを確認。）

教師⑳　さあこれはどうだろう。（「3」を指し示す。）

子ども　食べると飲むは一緒だと思います。

教師㉑　ああ、一緒だからね。これとこれは一緒にしましょう。では、全部で三つに分けられました。一つ目は何が書いてあるかな。これはよく見ると、歩くことができないということが書いてあるよ。はい、二つ目は、これは何のことが書いてあるかな。

子ども　「二か月ぐらいは、おちちだけのんでいますが、やがて、おかあさんがとったえものをたべはじめます。」の「たべはじめ」るのところです。

教師㉒　最初はお乳のことが書いてあるね。最初はお乳を飲んでいる。（板書する）ということが書いてあるね。三つ目は何のことが書いてあるかな。三つ目はここ、ここだよね（「4」「5」を指し示す）。三つ目は何が書いてあるかな。よーく見て。だんだんわかってきた。

子ども　えもののとりかたを覚える。

教師㉓　とって覚えて、覚えて、それから続けて。

子ども　自分で捕まえて食べるようになります。

教師㉔　そうね、そのことが書いてあります。じゃあ、「一年ぐらいたつと」って書いてあるね。（板書する）ということが書いてありました。ライオンの赤ちゃんは、まずはね、最初は歩くことができないと書いてあったね。その次にお乳を飲んでいるね。最後には一年ぐらいたつと捕り方を覚えて自分で捕まえて食べる。こう書いてありますね。

> 五つの文を三つの要素に分類する過程であった。結果として、子どもから適切な発言が出てきたが、本来は、文が五つあることを確認し、その五つの文のどれとどれがが仲間かを確かめるという過程の方が、自然な流れである。「文」を単位として文章を読むという学習は、今後の学習でも生きる。

3　しまうまの「大きくなっていく」様子を読む

教師㉕　じゃあ、しまうまはどうだろう。シマウマの赤ちゃんが大きくなっていく様子は何ページですか。

子ども　九〇ページのやつです。（子どものしまうまが

親と走っている挿絵）

教師㉖　この絵のことね。この絵でいいね。じゃあ、文字でいうと何段落に書いてありますか。

子ども　6段落です。

教師㉗　はい、6段落。まだないかな。

子ども　7段落です。

教師㉘　7段落ですね。6段落と7段落に書いてありました。さあ、じゃあ、しまうまはどうなっていますか。「あるくことができない」と書いてないね。何と書いてあるでしょう。

子ども　「しまうまの赤ちゃんは、生まれて三十ぷんもたたないうちに、じぶんでたち上がります。」と書いてあります。

教師㉙　ここに書いてあるね。「三十ぷんもたたないうちにじぶんでたち上がります。」すごいねー。はあ、書いておこう。（板書する。）はいまだ書いてあるね。

子ども　「そして、つぎの日には、はしるようになります。」

教師㉚　あ、書いてあるね。「つぎの日には、はしる」お乳のことも書いてあるよ。

子ども　「おかあさんのおちちだけのんでいるのは、たった七日ぐらいのあいだです。」

教師㉛　お、書いてある。えー、「おちちだけのんでいるのは、たった七日」「たった」ということはどういうことかな。

子ども　ちょっとのことです。

教師㉜　はい、まだいける。

子ども　すぐ。

教師㉝　すぐ、そうだね。すぐということだね。「おちちを…」（板書する）　じゃあ今度はね、餌の取り方では一年かかるって書いてあるねライオンさんは。しまうまさんはどうでしょう。どう書いてあるかな。

子ども　「そのあとは、おちちものみますが、じぶんで草もたべるようになります。」

教師㉞　「そのあとは、おちちもの」むんだけど、「じぶんで草もたべるようにな」る。

（この後、「七日」「二か月」などの日数の確認をする。）

ライオンの三つの要素との対応で、しまうまの説明を読ませようとしている。それはよいのだが、教師㉚で「お乳のことではどうですか」など助言がやや過剰である。ライオンの記述を一斉読などで確認をした上で、「これに似ているところはどれ？」などと問うて、子どもたちに探させる時間をとってもよかった。

この対応が、次の時間のこの文章の「工夫」の発見につながっていく。

4　ライオンとしまうまの違いの理由を見つけ出す

教師㉟　じゃあ、今からみんなでライオンさんとしまうまさんと比べてどう違うか。どうしてライオンは二か月間もずーっと（お乳を）飲んでるんだろう。どうして一年間ぐらい自分で食べられなくても大丈夫なんだろう。それに対してね、しまうまさんは三十分で立ち上がっちゃうよ。次の日には走ってるよ。それからお乳は一週間しか飲まないよ。もう八日目からもう自分で餌を食べてるよ。どうしてなのかを今から班で三つくらい見つけてくれるといいな。始め。

（約３分後）

教師㊱　はい、やめ。はいどうぞ。

子ども　あの、ライオンは王様だから大人が守ってくれたり動かしてくれるから大丈夫。

教師㊲　何が大丈夫？

子ども　王様だから、赤ちゃんをほかの動物が襲おうとしても守るから大丈夫。

教師㊳　あー、これのこと言ってるのかな。ライオンは王様だから歩けなくてもお母さんライオンが守ってくれるってことを言ったんだよ。だから歩けなくても大丈夫なんだよ。いいこと言ったね。

子ども　しまうまの赤ちゃんはそれだけすごいから、草も自分で取るんだから、自分で栄養の草を選んで食べられるから大丈夫。

子ども　ライオンの赤ちゃんは、大人が王様だからどんなに小さくてもいいけど、しまうまの赤ちゃんは大人が王様じゃないから、早く成長して、早く逃げられる方がいいから、八日目に自分で草を食べるようになる。

教師㊴　いいこと言った。早く成長しないと襲われちゃうから自分で早く食べるって言ったんだよ。いいこと言ったねー。まだ言えるかな。

子ども　「ライオンの赤ちゃんは、じぶんではあるくことができません。」のところです。

教師㊵　うん、どうして歩くことができなくても大丈夫？

子ども　ライオンの赤ちゃんより一番強い動物はいないから、だから遅くても誰にもかじられたりしないから、大丈夫だから。

教師㊶　歩けなくてもいいってこと？

子ども　ライオンは歩くことができなくても、ライオンのお母さんはお母さんだから、王様だから、王様に悪いこととかは、しちゃダメだから歩くことができなくても大丈夫。

教師㊷　誰も悪いことしてこないって言ってるんだね。いいこと言ったね。

子ども　ライオンの赤ちゃんは生まれたときに小さいからいっぱいごはんとか食べなきゃいけないけど、しまうまの赤ちゃんは生まれたときにやぎぐらいの大きさがあるからそれほど食べなくてもいい。

教師㊸　はあー先生それ気がつかなかった。みんな気がついた？この間勉強したよね、大きさで。ライオンの赤ちゃんってこんな、これくらいだったでしょう。しまうまの赤ちゃんはやぎぐらい大きかったかな。赤ちゃん、生まれたときが小さいから、いっぱいたくさんミルクを飲んだりしないと大きくならない。だからこれ、六十日もミルクを飲んでいるんだよと言ったんだよ。で、こっちはやぎぐらい大きいんだからもう七日くらい飲んでいるだけでもう充分だよって言ったの。納得しちゃったねー。

（この後、似た意見がくり返し出てくる。中略。）

子ども　しまうまの赤ちゃんはやぎぐらいの大きさのこ

とは、ライオンが天敵だから大きくないと、早く大きくならないと食べられちゃうから。

教師㊹ みんな聞いて、すごくいいこと言った。「天敵」と言ったね。難しい言葉。襲われてしまうから早く大きくならないといけないということを言ったんだね。だからもう、早く大きくなるためにはお乳ばかりじゃ大きくならないよね。なので、すぐ草を食べて早く大きくならないといけない、いいこと言ったね。

子ども 早く成長しなくちゃライオンが早く食べちゃうこともあるかもしれないから、早く大きくなっていく。

教師㊺ あーいいこと言った。ライオンが食べちゃうから早く大きくならなくちゃいけない。だから、もう草を食べちゃうということを言ってるんだね。

子ども ライオンの赤ちゃんの母さんが王様だから別に弱くてもなんでもいいけど、しまうまの赤ちゃん、早く大きくならないといけない。

教師㊻ 早く大きくならないといけない。しまうまは、これは襲われる方、襲う方?

子ども 襲われる方。

教師㊼ ライオンは?

子ども 襲う方。

教師㊽ 襲う方だね。だから襲われる方はみんな何回も言ってる、早く大きくならきゃいけない。どうして早く大きくならないといけないの?

子ども ライオンとかに食べられちゃうから。

教師㊾ 食べられちゃったりする。そう、そうだね。逃げなければいけないいんだね。

教師㊿ はい、わかりました。はい、こっち向きましょう。今日はですね、ライオンの赤ちゃんとしまうまの赤ちゃんが、どうして大きくなっていくかを勉強しました。しまうまの方が早く大きくなろうとしていることがわかりました。はい、机を元に戻しましょう。

> ライオンとしまうまの赤ちゃんの弱さ、強さの理由を推理している。この文章の工夫を発見することにつながる大切な推理である。
> ただし、本文のどの部分、どの言葉を見ると、その推理が見えてくるかが明確でない。本文のこの一文、この一語に着目するという指導にやや甘さがある。

よむ　ちがいを　かんがえて　よもう

どうぶつの　赤ちゃん

ますい　みつこ　文
つきもと　かよみ　え

　どうぶつの　赤ちゃんは、生まれたばかりの　ときは、どんな　ようすを　して　いるのでしょう。そして、どのように　して、大きく　なって　いくのでしょう。

◦赤《あか》ちゃん
◦生《う》まれる

　ライオンの　赤ちゃんは、生まれた　ときは、子ねこぐらいの　大きさです。目や　耳は、とじた　ままです。ライオンは、どうぶつの　王さまと　いわれます。けれども、赤ちゃんは、よわよわしくて、おかあさんに　あまり　にて　いません。
　ライオンの　赤ちゃんは、じぶんでは　あるく　ことが

◦耳《みみ》
◦王《おう》さま
•ライオン

できません。よそへ　いく　ときは、おかあさんに、口に　くわえて　はこんで　もらうのです。
　ライオンの　赤ちゃんは、生まれて　二か月ぐらいは、おちちだけ　のんで　いますが、やがて、おかあさんの　とった　えものを　たべはじめます。一年ぐらい　たつと、おかあさんや　なかまが　するのを　見て、えものの　とりかたを　おぼえます。そして、じぶんで　つかまえて

たべるように　なります。
　しまうまの　赤ちゃんは、生まれた　ときに、もう　やぎぐらいの　大きさが　あります。目は　あいて　いて、耳も　ぴんと　たって　います。しまの　もようも　ついて　いて、おかあさんに　そっくりです。

◦一年《ねん》

しまうまの　赤ちゃんは、
生まれて　三十ぷんも
たたない　うちに、
じぶんで　たち上がります。
そして、つぎの　日には、
はしるように　なります。
だから、つよい　どうぶつに
おそわれても、
おかあさんや　なかまと
いっしょに　にげる　ことが
できるのです。

しまうまの　赤ちゃんが、
おかあさんの　おちちだけ
のんで　いるのは、たった
七日ぐらいの　あいだです。
その　あとは、おちちも
のみますが、じぶんで
草も　たべるように
なります。

○草《くさ》

▼「どうぶつの　赤ちゃん」を　よんで、はじめて
しった　ことや、ふしぎだなあと　おもった　ことを、
みんなに　はなしましょう。

▼ライオンの　赤ちゃんと　しまうまの　赤ちゃんを
くらべましょう。

生まれたばかりのようす	
（ライオン）	ライオンの赤ちゃんは、生まれたときは、子ねこぐらいの大きさです。
（しまうま）	しまうまの赤ちゃんは、生まれたときに、もうやぎぐらいの大きさがあります。

・どんな　ところが　ちがいますか。
・大きく　なって　いく　ようすも、くらべましょう。

▼「じぶんでは」が　はいって　いる　文と、「じぶんで」が
はいって　いる　文を　さがして、ノートに　かきましょう。
・あとに、どんな　ことが　かいて　ありますか。
・「じぶんでは」と　「じぶんで」を　つかって、あなたの
ことを　かきましょう。

赤　赤赤赤赤赤赤赤　赤《あか》ちゃん
生　生生生生生　生《う》まれる
耳　耳耳耳耳耳耳　耳《みみ》
王　王王王王　王《おう》さま
年　年年年年年年　一年《ねん》
草　草草草草草草草草草　草《くさ》

2　授業へのコメント　その1
――魅力的な説明文の授業

小林　信次（日本福祉大学）

1　導入で構成・段落の関係を押さえていく

加藤辰雄先生の「どうぶつの赤ちゃん」の授業は、展開がスムーズであり魅力的である。

それは、説明文の指導の手順が明確だということと授業の進め方が手際よいということである。また、クラスの子どもたちが教師の問いを理解し、それをスムーズに答えていくという態勢ができている。

ここでは、阿部氏の授業コメントの順に即して見ていくことにする。

導入の授業の入り方は、きわめてスムーズである。

加藤先生は「一段落に質問が二つありました。一つ目の質問は何だったでしょう。」（教師①）と問いかけて一つ目の問いを前の時間の復習として確認している。次いで、子どもに二つ目の問い「どのようにして、大きくなっていくのでしょう。」を答えさせていく。

そして、「ライオンの赤ちゃんが大きくなっていく様子の絵はどれですか。」（教師④）と、まず挿絵を確認させた上で、続いて「文字では何段落ですか。」と問いかけている。

阿部氏もコメントの中で、挿絵から対応する段落へ着目する方が低学年では着目しやすいことがあると指摘している。

ただし、3段落に対応するライオンの親子の挿絵はあるが、4段落に対応する挿絵はない。それについては、何処かで指摘した方がよかったのではないか。挿絵と段落（文）との対応は低学年にとって大事なことである。

もう一つ言えば、おそらく加藤先生は前時までにこの教材の構造よみの指導をしているはずである。だとすると、授業の前半にその復習をもっと丁寧にしてもよかったと考える。

2 ライオンの「大きくなっていく」様子の指導過程

ここでの教師の主発問は、「教師⑧」である。

教師⑧ じゃあ、様子がいくつ書いてあるかな。いくつ書いてあるか、今から班でお話しして見つけてほしいの。赤ちゃんが生まれたばかりの時は三つ書いてあったよ。一つ目は大きさだったね。二つ目は耳と目。三つ目は「似てる似てない」お母さんに似てるか似てないか。三つのことが書いてあったね。じゃあ、大きくなっていく様子はいくつ書いてあるか、今から班で相談してください。見つけられるかな?よーい始め。

班の話し合いの結果、子ども達の意見は、「三つ」と「四つ」に別れていく。教師は、文章に立ち戻り「一つ目はどこに書いてある?」と聞き、線引きしながら3段落と4段落の五つの文を一つ一つ押さえていく。

そして「五つもあった。でもね、これ、似てるやつは一緒にしてもいいよね。」（教師⑯）とリードする。どこが似ているかと巧みに導き、子どもの発言を引き出していく。最後に「全部で三つにわけられました。」（教師㉑）とまとめている。

阿部氏は「本来は、文が五つあることを確認し、その五つの文のどれとどれが仲間かを確かめるという過程の方が、自然である」と指摘している。

一年生にとって「まとめる」あるいは、逆に「分ける」という学習はとても重要である。内容をどういう基準で分類していくかということである。加藤先生の授業では、教師のリードがやや強すぎたかもしれない。そのため、子どもの理解に曖昧さが残ったのではないだろうか。

子どもたちは、「食べると飲むのは一緒だと思います。」（教師⑳の後）、「『たべはじめ』るのところです。」（教師㉑の後）、「自分で捕まえて食べるようになります。」（教師㉓の後）と文を確認しているにとどまっている。読みとしても深まりがなく、教師のリードで要素を押さえたというだけである。

班の話し合いで子どもたちが出した「三つ」あるいは「四つ」という答えの根拠を、きちんと出させていない。五つの文に整理した段階では、五つにとらえる子どももいるだろうし、ライオンの大きくなっていく様子を要素で押さえ三つととらえる子どももいるかもしれない。

授業の進め方としては巧みなのだが、子どもにとってわかりにくい授業だったかもしれない。

また、この場面でもう少し大きくなっていくライオンの様子をイメージさせていれば、子どもたちはよりふくらみのある読みができたのではないだろうか。例えば「口にくわえ運んできてもらうときの様子は？」「獲物を獲るときの様子は？」などと聞くことで授業がふくらんでいくのではないだろうか。加藤先生のクラスの子どもたちは、十分力を持っていると思うので形式と内容を重ねても授業は展開していけたはずである。

3　しまうまの「大きくなっていく」様子の指導展開

ここでの授業展開は、ライオンでの学習のスタイルが定着しているため、スムーズに進んでいる。

「この絵のことね。この絵でいいね。じゃあ、文字でいうと何段落に書いてありますか。」（教師㉖）によって、まず挿絵で押さえて、次に段落に着目するというライオンと同じ展開になっている。文章の内容の読みも「『たった』とはどういうことかな。」（教師㉛）などとライオンとの比較を重視しながらテンポよく進んでいる。

これは「ライオン」の部分の読み取りでも言えることだが、もっと段落と文をきちんと押さえるために文に番号を打たせて整理して、時間の経過「三十分もたたないうちに」「次の日に」「たった七日ぐらい」によってどう変化していくのかを意図的に読ませていくという組み立ての方がいいだろう。

教師の細かい発問、助言によって、つまり個人問答だけで子どもの発言を引き出すという展開になってしまっている。大きな問いかけで子どもたちが発見し、気がつき、探し出すという組み立てになっていない。これは、おそらく、細かい発問・助言で、子ども一人一人の考えを引き出すという加藤先生の授業観にあるようだ。

4　ライオンとしまうまの違いを考えさせていく

ここまでの展開は、今までの学習の力を基に進めるという展開である。

加藤先生は「ライオンさんとしまうまさんと比べてどう違うか。（中略）どうしてなのかを今から班で三つくらい見つけてくれるといいな。」（教師㉟）と子どもに学習を促している。

子どもたちは、班の話し合いの後、生き生きと自分の考えを発表していく。子どもたちは、「ライオンの赤ちゃんは、大人が王様だからどんなに小さくてもいいけど、しまうまの赤ちゃんは大人が王様じゃないから、早く成長して、早く逃げられる方がいいから、八日目に自分で草を食べるようになる。」（教師㊴の前）、「王様に悪いことかは、しちゃダメだから歩くことができなくても大丈夫。」（教師㊶の後）、「ライオンの赤ちゃんは生まれたときに小さいからいっぱいごはんとか食べなきゃいけないけど、しまうまの赤ちゃんは生まれたときにやぎぐらいの大きさがあるからそれほど食べなくてもいい。」（教師㊷の後）、「早く成長しなくちゃライオンが早く食べちゃうこともあるかもしれない」（教師㊹の後）などとさまざまな考えを出している。

授業の最後に加藤先生はライオンは「襲う方」で、しまうまは「襲われる方」とまとめている。ここで教師は、巧みに子どもたちの発言を整理し広げまとめていっている。

阿部氏は「本文のどの部分、どの言葉を見ると、その推理が見えてくるのかがはっきりしない。本文のこの一文、この一語に着目するという指導にやや甘さがある」と指摘している。同感である。おもしろく楽しい展開になっているのに、文から離れていると根拠が曖昧になる。

＊

いくつかの課題はあるものの、加藤先生の授業は問いかけの文をきちんと押さえていること、そして比較・対応を明確にしようとしていることなど、軸がしっかりしている。子どもたちの学習集団としての力を生かしながら、読み取りを豊かに展開した授業である。

3　授業へのコメント　その2
――入門期における説明文教材の指導の可能性

志田裕子（秋田県八郎潟町立八郎潟中学校）

1　入門期における支援

加藤先生は、本文全文を板書に掲示している。入門期においては何よりの支援と言える。読み取ったことを発言する時に、本文のどの部分に着目して読んだのか、板書にある本文ですぐに確認し、共有できるよさがある。小学校1年生2年生の本文は、分量も少ないため、板書に掲示できる。掲示することにより、本文全文を俯瞰することができるよさもある。学年が進むと「〇ページ△行目に～」という発言を受け、一人一人が自分の教科書で指摘されたところをすぐに確認できるであろうが、入門期においては、このように学級全員で確認できる本文を掲示しておくという支援が必要である。

さらに、加藤先生は音読を意識して取り入れている。授業の導入場面では、前時に読み取った二つの問いを確認し、さらに全員で音読している。問いに対する答えを読み取る時間であるため、全員が問いを確認できていることが鍵となる授業である。

子どもたちが答えの書かれている段落として指摘した3段落、4段落についても、阿部氏のコメントにあるように、音読を位置付けることは必要であると思われる。何人かの子どもたちの気付きだけで授業を進めるのではなく全員が理解しているのかということを低学年の授業では特に配慮する必要がある。音読することにより、内容理解が深まるという効果がある。また、授業に集中させるという効果ももっているため、授業の要となるところに音読を位置付けることも、支援の一つであると考える。

2　文と文の関係を読み取る

教師⑰　なるほど、…よくよく見ると「そして」と書いてあるね。①見ていて「そして」とつながって自分で捕まえる。…略…

子ども　「ライオンの赤ちゃんは、じぶんではあるくことができません。」とその次のところ。

教師⑱　どうして？

子ども　口にくわえて運んでもらうところが同じに見えるから。

教師⑲　②歩けないから、くわえてもらうということ。これ一つでいいですか。

授業記録「教師⑰」〜「教師⑲」では、文と文の関係を丁寧に読み取らせている。①では、前後の文の関係を読み取ると同時に接続詞「そして」に着目し、その役割に気付かせる指導になっている。さらに、②のところでは、前後の文の関係を子どもたちが読み取った後で教師が、「〜（だ）から」という接続詞を補って読むという指導が自然に行われている。

説明文においては、接続詞に着目して読むことは、文と文の関係、段落と段落の関係を読み取る一つの方法でもある。さらに、接続詞の役割をしっかりと理解することで、今度は文章を書くときに活用することができる。学習用語としても、入門期から「接続詞」と指導することも決して無理なことではないと考えている。

接続詞だけでなく主語が省略された文章もある。述語に着目して、省略された主語を読み取り、その主語を補って丁寧に読むという指導を、特に低学年の国語の時間には大切にしたいところである。文字数も少なく、文や段落の数も少ないが、そのシンプルな文章の中において丁寧に文と文の関係、段落と段落の関係、接続詞の役割を意識して学ばせることにより、次の学年の学習へと学びが転移していくことになる。加藤先生の指導には、そのようなきめ細かな指導が見えてくる。

3　「まとまり」に着目した読みを位置付ける

加藤先生は、ライオンの大きくなっていく様子を読み取り、次に、しまうまを読み取るというように教科書の書かれている順に文章を読んでいる。が、ここでは、「まとまり」、つまり段落に着目することが、この教材の説明の特徴をとらえた読みになると考える。本文の文章構成は次のようになっている。

1 二つの問い

〈ライオン〉

2 大きさ
生まれた時の様子 【4文】

3 大きくなっていく
様子 【2文】

4 赤ちゃんの食べ物 【3文】

〈しまうま〉

5 大きさ
生まれた時の様子 【3文】

6 大きくなっていく
様子 【3文】

7 赤ちゃんの食べ物 【2文】

2段落と5段落、3段落と6段落、4段落と7段落の説明が対応している。本時は、二つ目の問いを読み取る学習であるが、ライオンについて、二つ目の問いの答えを読み取る学習を丁寧に行ったなら、しまうまについては、子どもたちに任せてもいいと考える。

実は、私も小学校2年生を担任した時（二〇〇八年）に、この教材を使い授業を行った。2年生で行ったというところに理由がある。前学年ですでに読んでいた「いろいろなくちばし」「じどう車くらべ」「どうぶつの赤ちゃん」の三つの教材を取り上げ「説明の工夫を読み取ろう」という、文章をメタ的に読むという学習に挑戦したのである。「まとまり」、つまり段落に着目して、全員でライオンを読み取った後に、しまうまを読み取ることを子どもたちに任せた。すると、説明が同じになっていることにすぐに気付くのである。さらに、どのように同じになっているのか問いかけると、子どもたちは、板書に貼ってあるしまうまの本文を対応するライオンの説明の本文の下に貼り付け、説明してくれたのである。つまり、対応して説明しているので、この説明文は分かりやすいのである。読者が自然に比べて読むという思考が働くしかけになっているのである。

・問いが最初にまとめられている。
・ライオンとしまうまの答えの段落の数が同じで、同じことを説明している

子どもたちが、説明の工夫として気付いたことである。

本教材の特徴を生かした指導という視点で考えると、五つの文を三つの要素に分類する過程をとるよりは、段落に着目して読むことを位置付けてもよいはずである。

4 事柄の順序に着目した読みを位置付ける

この教材では、「なぜライオンを先に説明したのか？」という事柄の順序についても考えることができる。

私が小学校2年生を担任した時の授業で、子どもたちが気付いたことを紹介する。事柄の順序ということについて、子どもたちは次のような発言をした。

子ども1 ライオンは人気があるから最初に説明している。
子ども2 ライオンの方が強いから。
子ども3 ライオンから説明した方が、（読者が）びっくりするから。
子ども4 ライオンは「どうぶつの王さま」だから。
子ども5 ライオンの説明の方が一文多いから。

子ども1や子ども2は、予想と言える。が、子ども3、子ども4、子ども5は、本文に着目した読みである。子ども3の根拠は、ライオンは百獣の王と呼ばれるのに赤ちゃんはとても小さい。だから、読者が驚く。驚きの大きい方を最初においたという理由であった。また子ども4と子ども5については、ライオンの説明は全部で九文あるが、しまうまは、八文である。なぜライオンは一文多いのか。二段落「ライオンは、どうぶつの王さまである。」この一文が多い。この文の説明に対応するしまうまの説明はないというのであった。本文を読み、その叙述を根拠に事柄の順序について考えることができた。様々な指導の可能性を秘めた教材ではないかと改めて感じたのであった。

＊

説明文「どうぶつの赤ちゃん」という教材自身に力があり、魅力ある説明文である。低学年の子どもたちだから楽しい授業という「楽しい」を取り違えることなく、積極的に学びを位置付けた国語の授業を構想したい。

加藤先生が、言葉の力を付けるための授業を提案していることが、本授業記録から伝わる。そして、子どもたちが生き生きと喜んで発言している様子も伝わる。

私事となるが現在は中学校で国語の授業を担当している。今回加藤先生の実践に出会い、入門期の国語の教室での子どもたちの目の輝きを、小学校六年間そして中学校への国語の教室へと繋げていかなければと改めて感じている。

4　授業者自身のコメント

加藤　辰雄（愛知県立大学）

1　文章全体の構成をつかませる

本教材は「はじめ」と「なか」（なか1、なか2）で構成されている。「はじめ」には、「どうぶつの赤ちゃんは、生まれたばかりのときは、どんなようすをしているのでしょう」「どのようにして、大きくなっていくのでしょう」と二つの問いがある。

本時では、導入でこの二つの問いを確認してから、二つめの問いの答えについて学習することにした。このことにより子どもたちは、文章構成を意識しながら学習に取り組むことができたと考える。

2　本文と挿絵を対応させて読み取らせる

説明文の場合は、文章だけでなく挿絵が載っていることが多い。それは、言葉だけではむずかしいものを分かりやすくするために載っているのである。したがって、各段落の内容と挿絵を対応させて読むことが大切だと考える。

本時では、二つめの問い「どうぶつの赤ちゃんが大きくなっていくようす」の答えが書いてある段落を見つける際に、先に挿絵を見つけてからそれに対応する段落をさがすようにさせた。それは、第3段落の内容が文章だけでは読み取りにくいからである。

しまうまの赤ちゃんが大きくなる様子を読み取るときにも、子どもたちは挿絵と文章を対応させながら読み取ることができていたので、挿絵を重要な資料として扱うことが大切だと考える。

3 ライオンとしまうまを対比して読ませる

本教材は、ライオンとしまうまの赤ちゃんが大きくなっていく様子が対比的に書かれている。対比することによって、ライオンとしまうまの違いがより鮮明になってくるからである。

本時では、「ライオンとしまうまと比べてどう違うか」を子どもたちに考えさせた。子どもたちからはライオンの赤ちゃんの弱さの理由、しまうまの赤ちゃんの強さの理由が出てきて違いをつかむことができた。しかし、文章の言葉を根拠にしながら違いを読み取るという点では、不十分であったと考える。

4 班での話し合いで読みを交流し深める

一年生の指導は、他学年と違って一人ひとりの子どもと教師が個別にていねいに対応することが多い。授業でも教師の発問に対して子どもたちは自分の考えを教師に答えるというかたちが一般的である。確かに一年生の前期は、このような方法がよいと考えるが、後期になれば班のなかで子どもたち同士で話し合いをさせることが大切だと考える。

本時では、ライオンが「大きくなっていくようす」を三つの要素に分ける作業で班の話し合いを行った。どの子どもも班のなかで自分の考えを発表することができ、学級全体では五つの文が出てきた。班の話し合いで自分の考えをもつことができたので、学級全体で三つの要素にまとめていく作業にも積極的に取り組むことができた。

また、ライオンとしまうまの違いの理由を見つけ出す場面でも、班で話し合いをさせた。その際、「班で三つくらい見つけてくれるといいな」と答えを三つ見つけるように指示したので、子どもたちは三つ見つけようとして、話し合いは集中したものになった。

5 読みの方法を身につけさせる

子どもたちは「みいつけた」「じどう車くらべ」で、「問い」と「答え」の文章構成を学び、読みの方法も学んだ。その成果が本教材の読み取りにも生かされ、子どもたちはスムーズに本教材の学習に取り組むことができた。このように、一つひとつの説明文の学習で読みの方法を身につけさせていくことが大切だと考える。

1　言語活動を促す発問

豊田　ひさき（中部大学）

1　発問の発展史

教師が黒板に東と板書し、「この漢字に読み仮名をつけなさい」と問う。ある子どもが、「ニシ」と答えた。それに対して、教師が、「違います！ハイ、他に読める人？」という授業が未だに見られる。

このような問答が続けられる授業で、はたして子ども達の言語活動はどれだけ促されるのか。「ヒガシ」と「正答」を答えた子どもの言語活動は、「ニシ」と誤答した子どもと比べてどれだけ進んでいるのか。

確かに、「正答」を答えた子どもの記憶力は、誤答の子どもより、少しだけ進んでいると言えるかもしれない。しかし、今日の学習指導要領で要請されている言語活動はそんな薄っぺらなものではあるまい。

二〇世紀一杯支配的であった旧い倉庫（＝知識再生）型学力から脱却して、学習している子ども達自身が教師と共に新たに物事（＝真理）を発見していく（＝再創造）という形の学びが、二一世紀の学びである。学習活動が教師と共に自分達で発見していく活動になるから、学習していくこと自体が楽しくなるのである。

先の漢字の読み間違いに対して、東井義雄は、半丸を与えた。この子は、この漢字が方位を表す漢字であることは分かっている。だのに、その子がニシとヒガシと間違えた事に対しては、教師の教え方にも落ち度があったと反省する。翌朝子ども達を運動場の西の端に集め、丁度ヒガシにある木の枝の間から太陽が昇って来る光景を見せ、これが「ヒガシ」（＝木の枝の間から日が昇る様）

という形で教え直す。この時、東井は、クイズ型の問いをしているのではない。真正の「発問」をしている。

これは、一九六〇年代の東井の実践。この時、彼は、既に倉庫型学力から脱却して、今日求められている知識創造型学力に基づく授業を行っていたのである。東井は、今の学習指導要領が謳う「習得・活用・探求」が混然一体となった学習活動を子ども達に組織しようとしていたのである。子ども達に、このような言語活動を促す問いが「発問」である。

算数科で言えば、［2＋3＝□］という問題の□を埋めさせるような問答はもう止めよう、という指導観である。一つの「正答」を、誰が一番早く、しかも沢山答えることができるか、で子ども達を「できる」子と「できない」子に選別していく授業を止めようというスタンスである。［△＋□＝5］と板書し、足して5になる足し算を一杯見つけよう。さて、いくつあるか？という課題にすれば、この△と□に何が入るかと考えることで、子ども達の言語活動は格段に活性化する。2＋3、1＋4・・・もあれば、1を五回足すことだって可能であろう。この場合、二つの数を足して5になる足し算の組み合わせだけを想定していた教師の固い石頭をぶち破る想定外の答えに、ガツンと殴られたと感じ、子ども達の発想の豊かさに嬉しくなる教師であって欲しい。

この時、子ども達一人ひとりが算数（＝数学）していると言える。この場合にはじめて、一人ひとりの算数活動を学級全員で交換し合い、共有し合う言語活動（＝発表のし合い、聞き合い）も有効になって来る。決まり切った一つの「正答」であれば、各自の答えを交換することも、共有する意味もない。

2　発問と認識論

「発問」とは、答えが決まり切った一つではなく、いくつか考えられる問いである。昨日までに教師から教えてもらった事、あるいは教科書に書いてある事を思い起こして答えを言い当てるようなクイズ型（＝「正答」が一つ）の問いから脱却した問いである。

次の表は、一九世紀初めドイツで初等学校の教員養成所を創設したディンターの新旧授業法に基づいて、筆者が整理したものである（拙著『小学校教育の誕生』近代文芸社、一九九九年）。

旧い授業法

○子どもは、他人（教科書）が主張していることを真理であると了解する。

○教師は教え、伝える人として現れる。

新しい授業法

○子どもは、他人の主張を了解するのではない。真理だと認めねばならぬものを自分で探し出し発見する。

○教師は、真理を共に探究する友達である。だから教師の指導は、子どもに気づかれてはならない。

教師の指導は、子どもに気づかれてはならないから、「発問」として隠すのである。ディンターは発問の名人、授業法の改革者、というのが筆者の位置付けである。

小学校六年の社会科。『新編新しい社会6上』（東京書籍）には、日本橋界隈の一八六〇年頃と一八八〇年頃の絵が掲載され、この「二枚の絵を比べてみよう」とリードが付いている。先日、勤務校の大学一年生に対して、この二枚の絵を見せ、「江戸から明治になって何が一番変わったか？この絵の中から探せ」と問うてみた。乗り物、建物等が違うということはすぐ出てきたが、一八六〇年の絵には武士がいるが、二〇年後の絵には武士がいない、つまり「江戸時代は封建時代だった」という発言（＝発見）は無かった。

これは、今時の大学生が、小・中・高等学校で倉庫型学力にたっぷりと汚染されてしまって、物事を創造的に観ていくという能力（＝活用・探求能力）を大幅にマヒさせられている結果だ、と筆者は受け止めている。だから、大学での教員養成はここ（＝旧来の「学力」観、「指導」観の「概念くだき」）から出発しなければ、子ども達の言語活動を促進する授業展開力を彼らに育むことも無理ではないか、と判断している。

それともう一つ、物事を認識していく活動について、概念レベルでの認識の方が質が高く、図や絵のような半具体を使った認識はそれより劣る。さらに、具体的な行為のレベルでの認識はなお劣る、という古い認識論からも脱却する必要がある。具体→半具体→概念レベルへと上昇していく認識活動と、逆に概念→半具体→具体のレベルへと下降していく認識活動が、グルグルとサイクル（＝上昇⇅下降）をなして同時に生じている時、より深くて豊かな認識ができる、という認識論に基づく必要がある。

とりわけ、言語活動の重視という場合、誤って概念レベルでの認識活動だけを重視してしまうと、旧来の倉庫型学力の呪縛にとらわれてしまうことになりかねないから注意が必要である。かつてブルーナーが唱えた教える内容は下げないで、教える学年はいくらでも下げることができる、という「現代化」の原則は、この認識論に基づいていたことを思い出して欲しい。

発問と結び付けて言えば、一つの事物に対して、概念のレベルからも、半具体のレベルからも、そして具体のレベルからもアクセスできる問い、つまり、どの子どもでもアクセスできる問いを用意していくことが必要、ということである。

先の二つの絵を比べて、明治時代になってからの絵には武士がいない、という本質（＝封建時代が終わった）を見つけるのは、教室の周辺部にいる子どもである場合が多々ある、という事実を筆者は何度も経験している。

この際、注意しなければならない事は、認識論との関係で説明すれば、次のようになる。

①はじめに「江戸から明治に代わって何が一番変わったか？」と言葉（＝概念レベル）だけで問うた時、手を挙げる子どもが少ないので、「では、先生がヒントを出そう。分からなかった（＝手を挙げられなかった）人は、この二つの絵（＝半具体）を比べて考えてもいい」とヒントを出してはいけない。

②教師がヒントとして二つの絵を比べて考えよ、と言ったとたん、その問いのレベルは一段階下がった、と判断するよう子ども達は旧い授業法で刷りこまれているからである。

③だからここで、たとえ明治の絵には武士がいない、と答えた子どもがいたとしても、その子は先の言葉だけの問いでは手を挙げていなかった、そして絵を見てもよいというヒントの後であの子は手を挙げて答えた。それを教師が「正答」と認めても、子ども達には、「正答」だけど一ランク低い（半具体）の認識レベルでの「正答」という判断のしがらみから抜け出すことはなかなか難しい。

④だから、教師は最初から、「この二枚の絵を比べて江戸から明治になって何が一番変わったか、みんなで発見

しよう」という発問一つをする。つまり、概念レベルで考えることと、半具体（＝絵）を使って考えることとは、認識論的には同じ値打ちがある、ということを子ども達に分からせる必要がある。
⑤したがって、この④の場合に、明治の絵には「侍がいない」と発言した事に対して、教師が「それはどういうこと？」と子ども達全員に投げ返してはならない。この時、教師は、絵による思考より、武士の時代（封建時代）が終わったという概念レベルでの思考の方を上位に観る認識論にとらわれている→無意識的にこのような認識論を子ども達に刷りこんでいる事になりかねないからである。
発問とは、かくも奥の深いものである。各認識活動レベルの上昇↑↓下降を子ども達同士の間に組織するのが、集団思考である。

3　発問と吟味読み

先のディンターが言った「子どもは、他人（教科書）が主張していることを真理であると了解する」旧い授業法から脱却するために、教師に要請される事は、まず、教師が教科書を疑ってみる。教科書を批判的に検討してみる事である。大西忠治や阿部昇が主張している吟味読みをやる事である。吟味読みをやる事が、「発問」の構想につながる。そして、ＰＩＳＡの学力調査で明らかになったわが国の子ども達の弱点である批判的思考力を鍛える事にもなるからである。

『小学校学習指導要領解説・国語編』（文部科学省）には、国語科の目標は、「思考力や想像力及び言語感覚」を養う、と記されている。そして、「思考力や想像力とは、言語を手掛かりとしながら論理的に思考する力や豊かに想像する力である。思考力や想像力などは認識力や判断力などと密接にかかわりながら、新たな発想や思考を創造する原動力となる。」と解説されている。

さらに、「文学的な文章の解釈に関する指導事項」として、「低学年では、場面の様子について、登場人物の行動を中心に想像を広げながら読むこと」と説明されている。

小学校一年国語科に「たぬきの糸車」がある。リードとして、「おはなしを　たのしもう」と、書かれている。先の『指導要領解説』にある「場面の様子について、登場人物の行動を中心に想像を広げて読む」を下敷きにして、次の二つの場面の発問構想を考えてみよう。

ふと　気が　つくと、　やぶれしょうじの　あなから、　二つの　くりくりした　目玉が、　こちらをのぞいて　いました。　糸車が、　キークルクルと　まわるにつれて、　二つの目玉も、　くるりくるりとまわり①ました。　そして、　月の　あかるい②　しょうじに、　糸車をまわす　まねを　する　たぬきのかげが　うつりました。（『こくご一下』光村図書）

傍線①の部分を、一年生の子ども達に「登場人物の行動を中心に想像を広げながら読」ませるには、どんな発問をしたらいいか。

問い　「たぬきはどこを見ていましたか？」

答え　「糸車」

で終わってはなるまい。糸車を見ている事ではたしてたぬきの眼はクルリクルリと回るか？とまず教師自身が想像豊かにイメージ化してみなければなるまい。文章には、糸車がまわるにつれて、とある。とすれば、ここで既にたぬきの眼は、漠然と糸車全体を見ていたのではないことが分かる。回るに「つれて」だから、糸車のある一点、つまり、おかみさんが握っている「取っ手」の部分に焦点化されていることが分かる。ここまで事前に教師が解釈できていたら、先の「糸車」の答えに対しては、「それは違います！」「糸車全体を見て、たぬきの眼はクルリクルリと回りますか」と否定する。「どうして？　たぬきは糸車を見ていたのでしょう」という不満の声に対しては、「確かに糸車を見ていた。しかし、糸車全体か。ある一点ではないのか。その一点とは、どこか？」と教師の方から突っ込みを入れていく。この突っ込みが、子ども達の言語活動を活性化するからである。

こう突っ込んでも答えが出てこない場合、どうするか。『指導要領解説』にも書いてあるように、子どもの身近なものを教師の方から提示する。「みんな、自転車の車輪が回っているところを見たことあるでしょう。その時、回っている車輪を見ていて、皆さん眼が回りますか」と助言的な問いを打ちこむ。そうすれば、確かに、車輪全体をどれだけ一生懸命に見ていても眼は回らない、どうしてだろう→車輪の一点を見たら眼が回るよ、という答えも出てこよう。

このような調子で、子ども達が答えを出し合っていく中で、次の段階として、

でも、速いスピードで車輪が回っていたら、そんな一点だけじっと見つめ続けている事なんかできないよ→そうか、一点を見ていてもその動きに眼がついていけるぐらいのスピードでないといけないのだ→それが、おかみさんが糸車を回すキークルクルという速さなのだ→アッ、あるある、教科書には次のように書いてあるよ→糸車がキークルクルと　まわるに　つれて、　二つの　目玉も、くるりくるりと　まわりました。だ。→だから、たぬきの目もそれにつれて、クルリクルリと回るのだね→「つれて」っていう言葉、わたし最初分からなかったけど、そういう意味なんだね、と言う子どもも出てくる。

このような授業展開がなされた時、子どもたち一人ひとりの言語活動は活発になり、その言語活動のプロセス全体が、つまり、子ども達それぞれがこの時発揮した「思考力・想像力」の全体が、教室の中で交換され・共有されていくのではないか。

先の認識論との関わりで言えば、回っている自転車の車輪という具体物をまずイメージ化させ、回転のスピードが速すぎると、一点を見続けようとしても、眼で追っていくことはできない、という事も具体的な行為と結び付けてはっきりと認識できる。そして、教科書の文章に帰ることで、おかみさんがキークルクルと回す糸車の回転のスピードは、たぬきが眼で追えるような「ゆったり」としたスピードであることを発見する。

この時の子ども達の意見の発表のし合いと聞き合いは、子どもたち一人ひとりの頭の中での具体のレベルと概念のレベルでの思考の交互作用を活発化させることに寄与している。これこそ、今の学習指導要領が要請している言語活動の活発化の内実ではないか。

傍線②の部分に移ろう。「月のあかるいしょうじ」を若い先生方でどれだけリアルにイメージ化できるだろうか。ひょっとすると、近代的なアパート、マンション住まいの教師は、しょうじすら具体的にイメージできないかもしれない（一年生の子どもなら、なおさら）。そんな教師に月明かりでたぬきの影ができる場面を想像する

ことができるだろうか。この②の部分の発問構想を考える際に、まず、教師自身が具体的にこの場面をイメージ化してみなければなるまい。教師が事前にこの努力をせずに、子どもにだけ「豊かにこの場面を想像してみなさい」という課題を出すことは禁物である。

この点で、まず教師の「言語感覚」が問われる。小学校学習指導要領で謳われている子どもの「言語感覚を養うこと」は、その前提として、教師自身の言語感覚を高めていく努力を要請しているからである。発問構想の段階で、月明かりで影ができる事実を教師がイメージできなかったら、本当に月明かりで影ができるのか、教師自身が体験してみる行動を起こす必要がある。具体的な行為のレベルでの認識活動を教師が率先して行うぐらいのこだわりが欲しい。

月の明るい晩、街のライトの少ない場所へ行き、確かに月明かりでモノの影がはっきりとできる、という証拠をデジカメに収めて、それを子どもに披露するぐらいの教材解釈をして欲しい。子ども達に豊かな言語活動を要求する前提として、ここまでやるのが教師の努めではないか。具体のレベルから「月の明るいしょうじ」を子ども達に分からせようとするその教師の努力が、子ども達には、「この先生は私たちと一緒に真理を探究する友達」（ディンター）と映るからである。

月明かりのしょうじに、糸車を真似して回すたぬきの影が映る→それを、おかみさんはこの月明かりよりもお暗い（＝そうでないと影は映らない）部屋で糸車を回しながら見ている。もちろん、テレビやラジオ等無い、本当に静かな夜。ほの暗い部屋で聞こえてくるのは、おかみさんが回すキークルクルという糸車の音だけ→そのおかみさんが糸車を回しながら、自分と同じように糸車を回そうとしているたぬきの影→恐らく子だぬきであろうその仕草を見て、ほほ笑むという「ゆったり」とした静かな空間（＝おかみさんとたぬきのコミュニケーション）。

この種の言語活動を活性化する主要な手段が、教師の発問構想である。教師は、真正の発問観に立って、教師と子どもの間に、そして子ども達同士の間に、発表のし合い、聞き合いを豊かに組織していく必要がある。これが、一つの決まり切った答えを子ども達に求める事から脱却した言語活動を促す二一世紀型の授業である。

2　教材分析の方法
――小5教材「のどがかわいた」

甲斐　睦朗（京都橘大学）

1　はじめに

〈教材分析の意味〉

小学校5年生用国語教科書『銀河』（光村図書）の第一単元の結びにイスラエルの作家、ウーリー＝オルレブの「のどがかわいた」が掲載されている。授業開きの二編を含めてすべて新教材である。中でも、イスラエルの作品の教科書への起用は新鮮である。本稿は、この翻訳教材「のどがかわいた」について、教室で読む上で参考になればと考えて取り上げる。

なお、本稿依頼の趣旨には言語活動を考慮に入れることがあったが、近年の読みの授業は、言語活動以前の教師による事前の教材分析が不足しているように考えて、教材研究の一部である作品解釈に限定する。仮に指導者が教材の表現や内容についての事前の準備ができていない場合、言語活動をどのように工夫したとしても、あるいは、どういう授業用の技術を駆使したとしても教材の正当な読みには至りえない。確かな教材の解釈によってはじめて多様で着実な言語活動が可能になる。

〈作品の構成〉

「のどがかわいた」は、随想風に、主人公「ぼく」の少年期の生活の一部を回想した物語で、特定の事件の展開とその解決というような緊密な構成になっているわけではない。それも、半世紀以上が過ぎ去った老年時の回想ということで、時期の重複が見られる個所もある。

全体は大きく三節に分けられるが、それぞれの節を前半、後半、合計六場面に分けて読むことにしよう。
第一節―ぼくが水飲場でエルダッドに注意されたこと。
第1場面―ぼくが水道の水をゆっくり飲もうとすると、エルダッドに注意されたこと。
第2場面―就寝時に明かりを消すとエルダッドがつけたことで、二人が争ったこと。
第二節―ミッキーがぼくと同じように想像力に富む子どもであることがわかったこと。
第3場面―僕が水を飲むときにすべての感覚を使って水を楽しむこと。
第4場面―ミッキーがぼくと同じように水の感覚を楽しむ子どもであることがわかったこと。
第三節―ぼくとミッキーがガリラヤ湖で水にじっと浸かって想像を楽しむこと。
第5場面―二人がガリラヤ湖で一時間もじっと水の中に立っていたこと。
第6場面―ぼくが、ミッキーのように、目をつむって水をたのしむ女の子に巡り合いたいと思うこと。

2　第1場面―エルダッドがじゃますること

ぼく（イタマル）は、イスラエルの寄宿学校で生活している。日々の時間割に農業などの共同作業も組み込まれているのであろう。第1場面は、その作業が終って、全員が水飲み場に急いで水を飲む場面である。戸外で働いていた子どもたちは、いくつかある蛇口に列を作って順番を待って水を飲もうとしている。そういう中で、ぼくは「ゆっくり（水をのもう）」として、エルダッドに注意される。この場面から読み取れるエルダッドは、社会性を備えたまじめな男の子のようである。ここで大切なことは「水をゆっくり飲む」の「ゆっくり」ということばで、良い方面で理解しようとすると、「急がない、あわてない、おっとりと、味わいながら」などの意味が引き出される。ただし、そういう意味だけで解釈しようとすると、エルダッドが逆に他人の行動に文句をつけるいじめっ子になってしまう。ところが、この「ゆっくり」は、後で取り上げるが、客観的に言えば、良い意味だけをもつ言葉ではない。

「水を飲む楽しみをおじゃんにしたくないから、がまんしてるけど、でなかったら、一発おみまいしてやるところだ」は、前半の「水を飲む楽しみをおじゃんにしたくない」に意図がある。この「水を飲む楽しみ」は、直接には、のどが渇いているので、水を体内に取り入れる行為を意味するが、この作品では、教科書の一九ページの挿し絵、二〇ページの挿し絵の二葉に適切に描き出されているように、蛇口から水を流しっぱなしにして手や顔を近づけて水の感触をゆっくりと楽しむ行為までが含まれている。

引用の一文の後半の「一発おみまいしてやる（ところだ）」は、男の子の好戦的な態度を表す表現である。日本の今の男の子はおそらく、「こういう子どもは近くにいない」「乱暴な男の子だ」などと言うであろう。しかし、長年迫害を受け続けてきた当時のイスラエル人の子どもとして特別なのか、短気な性質なのか、喧嘩早い性質なのかがわかりにくい。作者がイスラエルに移り、寄宿学校に入ったのは、一九四五年の世界大戦終結後である。家族に問題をもつ子どもたちが集まった寄宿学校でどういう人間関係が営まれていたかが問題である。殺伐としている、荒廃している、荒れに荒れているといった批評が適切な感じの集団生活ではなかったかと思われる。そういう生活の中で「一発おみまいしてやる」はどういう意味を持つのかを理解しなければならない。すなわち、当時の少年たちに共通した傾向とみる必要がある。

最初の第1場面は、「ぼく」の水を楽しむ行為が集団生活上の規律から外れていて、その外れた行為をエルダッドが注意している。この場面の「ゆっくり（水をのもうとする）」ということばは、第1場面を読み解く上でのキーワードである。列をつくって水を飲む順番を待っている子どもたちの立場でいえば、この「ゆっくり」は「だらだらと・時間をかけて・水をむだに流して」、つまり、「水を飲みたくて順番を待っている他の子どもたちを待たせ続けて、一人で水道の蛇口を独占しつづける」というような意味になるであろう。すなわち、「ゆっくり」にしても好悪、あるいは肯定的か否定的かの両面の意味や評価を備えているのである。

そういうエルダッドをはじめとする多くの子どもたちの反発や反感とは別に、主人公は「水を飲む楽しみ」を大事にしている。この楽しみは、単に水を飲んで、のどの渇きをいやすだけのことでなくて、したたり落ち、はね散る水の動きを見る楽しみがある、これを視覚的な楽しみとすると、両手をはじめとする皮膚を総動員した触覚的な味わいが続く。顔、舌、口腔、歯、首すじ、手のひらなどを総動員して、水道口から流れ出る水の感触を楽しむ。「ゆっくり」はそういう次第で、作品全体で言えば、自らを想像の世界に導き入れて、おいしい水の流れや水しぶきの感触を楽しむということになるのである。

3　第2場面―就寝時に明かりを消すか点けたままか

第2場面は、寄宿舎で就寝時間になったので、イタマルが「明かりを消す」と、同室になったエルダッドが「明かりをつける」という反対の行動に出る。規則違反ということで、ぼくはすぐに「明かりを消す」。すると、エルダッドがまた明かりをつける。そういうやり取りの挙句、二人は取っ組み合いに発展する。どうして、エルダッドは「明りを消す」ことを嫌がって、就寝時間になっても明りをつけたままにしようとしたのだろうか。

ここには、自我の目覚める少年期に、暗闇を恐れる気持ちがよく表されている。「明かりを消す」ことから、「暗い→自分には何も見えないが、暗闇の中でも自分を見ることのできる幽霊がいる→恐い、恐ろしい」という連想が考えられる。なお、暗闇への恐怖は論末に掲示した『砂のゲーム』による。ここで、寄宿舎における規律と想像（恐怖心）の対比の問題として、イタマルとエルダッドをとらえることができる。エルダッドは、親と離れて寄宿舎でイタマルなどと暮らすことになって、就寝時に明かりを消すことに耐えられなかったのであろう。なお、明かりを消すことでエルダッドがイタマルと争ったときに、後から入室してきたミッキーもいるということになると、エルダットがどういう時期に「明りを消す」ことを嫌う行動に出たのかが、わかりにくくなる。

すでにふれたことであるが、この教材の執筆が時間の経過を順に追うことでなく、いわば主人公の内面における規律と想像力の葛藤を随筆風に描こうとしていることに関係しているように思われる。日本の中世の絵巻の中に、同じ一枚の絵の中に複数の時間を取り入れる表現手法があるが、それに通じる表現ということができようか。おそらく、エルダッドが新しく入室して最初の夜を迎えた時点では、四人目の同室者になるミッキーはいなかったであろう。なお、ダニエルについては、単に苦情を口にする人物としてしか語られていない。

4　第3場面――ミッキーの水を飲む様子が気になったこと

第3場面の最初の段落でミッキーという新入りの子どもの人となりが明らかになる。①小がらでやせている、②無口、③ぼんやり考えこんでいて、声をかけられても聞いていなかったりする、④詩を書く、⑤勉強は苦手。

なお、教材の構成の問題であるが、一八ページの最初の段落は、第一節と第二節の境目におかれている。仮にこの段落を第一節に含めるとすると、第一節の内容展開に落ち着きのなさが出てくる。そこで、本稿は、第二節の最初に位置づけている。わずか三行分であるが、短い六文を積み重ねることによって、ミッキーの人となりを具体的に説明している。

このルームメイトになったミッキーについて、「ある日、ふと、ぼくは、ミッキーの水を飲む様子が気になった。」という一文がある。これは、ミッキーについて新たに発見した事柄を誘導・案内する役割の一文である。ところが、この文で導かれる内容がすぐには出てこない。実は、この一文で導入される内容は、ずっと後の第4場面で取り上げられている。ここでひとまずミッキーについての主人公の驚きを読者に印象づけておいて、後で紹介する表現法ということができるであろう。

ここで、主人公「ぼく」の水への渇望を教材全体にわたって感覚面から整理しておきたい。

①水を目でとらえる――二葉の挿し絵には視覚的な映像がよく表現されている。

②水の冷たい感触――したたり流れる水、とび散る飛沫、涼しげな響き。視覚、聴覚、触覚、嗅覚、味覚までを動員している。。

③目をとじて想像の世界に遊ぶ（1）――砂漠で渇きに苦しみ、やっと水にありつく姿を想像する。

④目をとじて想像の世界に遊ぶ（2）――難破船のとびら（扉）の上で渇きに苦しみ、やっと水に恵まれる姿を想像する。

⑤湖水に首までつかって体全体で水を感じる――ガリラヤ湖での体験。水圧、流水、水のきらめき。

⑥同じ好みの女の子が目をつむって水を飲む姿を思い浮かべながら、ぼくも目をつむって水を飲む。

右の①～④の四つが第3場面で語られ、⑤は第5場面、⑥は第6場面で将来の大人に成長した自分にまで想像が広がっている。この将来にかかわる想像は別として、視覚、聴覚、触覚、嗅覚、味覚を総動員して、水の多様な魅力が想像豊かに語られている。

題名「のどがかわいた」の意味がここによく表現されている。こういう思いにふける時間が十分にかなえられれば、ぼくののどの渇きはいやされることになる。この希望を叶えるためには、よほどの時間が必要である。ところが、「ほかにも水を飲みたいやつがいる」ということで、中断させられることになる。

「なんで、ゆっくり、のんびり飲ませてくれないんだろう」の「ゆっくり、のんびり」には、ぼくの気持ちだけでなく、「ほかのやつ」（他者）の反発的な気持ちが加わっていることに注意したい。

ところで、「流れている水や、すけたガラスのうつわにつがれたとうめいな水を見るのって、なんだかすてきだ」に始まるぼくの水に向けた気持ちや想像力は、右に整理したように、すぐには終わらずに次々に展開していく。

一八ページに掲げられている挿し絵は、水道の蛇口から勢いよくほとばしり出る水が、受け止めようとする手のひらにぶつかって四方に大きく飛び散る様子を描いている。挿し絵のほとばしり流れる水は視覚的な映像であるが、手のひらの持ち主からいえば水圧、冷たさ、さわやかな響きをはじめとする触感的な感覚が加わっている。その感覚は、次の二〇ページの、ミッキーが体を少しかがめて水を飲んでいる挿し絵によく表現されている。

月のいとあかきに、川を渡れば、牛のあゆむままに、水晶などのわれたるやうに水の散りたるこそをかしけれ

（「枕草子」二一三段）

平安時代の清少納言は「春はあけぼの」ではじまる「枕草子」に、牛車が満月に照らし出された川を渡ったときに、きれいな水晶がこまかく割れたように水が五色に輝いて飛び散る様子を「水晶などのわれたるやうに散りたる」と表現している。清少納言のこの視覚的にとらえた映像は素晴らしいものである。しかし、教材「のどがかわいた」の水のしたたり落ち、周囲に飛び散る水の描写は、決して清少納言の描写に負けていない。

5　第4場面―ぼくとミッキーが同じ好みであること

第4場面は、ぼくがミッキーと同じタイプの子どもであることに気付いた場面である。「飲めよ。」／「いや、

いいよ。」、「後でいいんだ。」／「いや、いいよ。」、「飲めよ。」／「飲めよ。かまわないから。」という二人のやり取りが続いている。二人とも、あとでゆっくり飲みたいので、相手に先に飲んでもらおうとしている。このやり取りは、勧誘のことばと断りのことばで組み立てられている。

その結果、頭にきた行動をとるのが「ぼく」で、結局ミッキーが先に水を飲むことになるが、その飲み方から、「こいつ、のどのかわきを知っているんだ。ミッキーが、だ。」という発見になる。「こいつ」という呼称にはミッキーが自分と同類の仲間だという親愛の気持ちがこめられている。文全体で喜びの表現になっているのである。ぼくは、ミッキーが水を飲み終えるまで、芝生にこしを下ろして、相手を急かすこともなくただ「ながめている」。この「ながめる」には単に時間の長さだけでなく、仲間を得たぼくの喜びまでも含まれているようである。続いて、ぼくが水を飲む順番で、今度は「ミッキーが、しばふでぼくを見ていた。」とある。ミッキーも口にはださないが、僕を仲間と認めたのである。

「ミッキー、君、のどのかわきを感じられるの。」は、ミッキーへの質問であるが、君とぼくとはいっしょだねという確かめや喜びの気持ちが含まれている。

第4場面の結びの「それからは」の一文は、二人がいっしょに行動する様子が述べられている。二人の交わすことばは多くはないが、お互いに同じタイプの親友として認め合い、わかり合っているということである。

6　第5場面―ガリラヤ湖で水につかること

ある日、ぼくたちは、ガリラヤ湖に行って、あごの上あたりの深さの所まで進んで、つかった。

この一文には、第5場面および第6場面のイタマルとミッキーの状況が端的に表されている。主人公の生活する寄宿学校の何らかの行事（日本の遠足のような催し）なのであろうか、イスラエル最大の淡水湖であるガリラヤ湖に出かけている。子どもたちの多くは、泳いだり、水辺で遊んだりしているのであろう。ところが、ぼくとミッキーは、やっと足が届く深い場所まで歩いてあごの上まで水に浸かってじっと立っている。体はじっとしているが、時間をかけて「のどがかわいた」情況を楽しく想像している。水中では水圧だけでなく、冷たさやかすかな流れ、水面のきらめきなどまで体感できる。思いきり想像の世界に浸ることができるわけである。

ところで、本教材のキーワードとして、「のどがかわいた」以外に「目をとじる→目をつむる」が挙げられる。その用例を提示してみよう。

第3場面―目をとじると、映画みたいに、さばくのすなあらしが目の前にうかんでくる。

第4場面―ミッキーは目をとじ、水が、ミッキーの顔や首すじを伝って、したたり落ちていく。

第6場面―① その子ってね、目をつむって、のどがかわいたなあっていうふうに、水を飲むんだ。

② ぼくは、目をつむって、そんな女の子にぼくも会いたいと思った。

③ またどこかで会いたいとこいこがれながら、目をつむって水を飲むのだ。

「目をとじる」と「目をつむる」は、書きことばと話しことばの違いで、第6場面はミッキーのことばから「目をつむる」になっている。

第5場面の結びは、丸一時間湖の中に立っていた二人がのどのかわきを覚えて水を飲むことが語られている。そこのミッキーの水を飲む表現は印象的である。

おだやかなガリラヤ湖の、青くなめらかな湖水がのどにすいこまれていき、真昼の太陽が、ぎらぎらと照りつけていた。

ここでは、ミッキーののどに吸いこまれていく大量の湖水が表現されている。小がらでやせたミッキーがあたかも湖水を飲み干すようなあざやかな印象がある。

7 第6場面―同じ好みの女の子にあこがれを抱くこと

ミッキーが、好きな女の子がいる、その女の子は、水を飲むときに「目をつむる」という。これを聞いて、ぼくはすぐに、ミッキーの気持ちを理解する。そして、ぼくも目をつむって、会いたいと思う。これはすでに、想像の世界にはいっている。自分たちが大きくなってからもまた「どこかで会いたいとこいこがれながら、水を飲む」というのである。無邪気ではあるが、異性へのあこがれがよく表現されている。

結びに一言。本教材は豊かな想像力をもつ子どもを好意的に描いている。作者の『くじらの歌』に通じる内容で、少年時代の作者の体験を自伝風に語る『砂のゲーム―ぼくと弟のホロコースト』と同じく参考になる。

3 言語活動の充実のための基本条件
――「じどう車くらべ」の授業から

鶴田清司（都留文科大学）

はじめに

本稿では、二〇一一年一〇月二一日に山梨県甲斐市立竜王西小学校1年2組で行われた「じどう車くらべ」の授業（小林恵子教諭）を取り上げる。この授業は、国語科における言語活動の充実や活用力の育成を一つの研究テーマとして行われたが、それにとどまらず、入門期の国語科学習指導のあり方、説明文教材による論理的な思考力・表現力の育成のあり方などを考える上でもきわめて示唆に富む内容であった。

1 授業の概要と特徴

本時（全11時の中の第9時）は、〝「キリン号」の説明において「しごと」と「つくり」を関連づけて書くことができる〟ことを目標としている。これまで「じどう車くらべ」という説明文で学んできたこと（いろいろな自動車の「しごと」と「つくり」を「そのため～」という因果関係で結んで説明すること）を生かして、キリンを乗せるためのバス「キリン号」を発明して、その紹介文を書くという言語活動が中心である。

子どもたちは、次に述べるような教師の適切な指導・支援を受けながら、ほぼ全員が「キリン号」の紹介文（絵）をワークシートに書くことができた。

本時の特徴として、次の5点をあげることができる。

(1) 学びへの誘いの巧みさ～学習意欲を高める～

本時は、授業の導入において、子どもたちを学びに誘うさまざまな工夫が施されている。入門期ならではの工夫として、次のようなものがあげられる。

① 動物園の園長さんからの手紙

授業の冒頭で、本校教員が扮する郵便屋さんが1年2組の教室のドアをノックして、次のような手紙を届ける。授業者はそれを読み上げる。

> 1年2組の自動車博士のみなさんへ
>
> こんにちは。博士のみなさん、毎日がんばって勉強していますか？　私は西っ子動物園の園長の北川です。今日は、博士のみなさんにお願いがあって手紙を書きました。
>
> 今度、動物園のキリンたちが隣町にある東動物園に遠足に行くことになりました。ところが、キリンたちが乗ることのできるバスがありません。自動車博士のみなさん、どうかキリンさんたちが乗っていけるようなバス「キリン号」を発明してください。よろしくお願いいします。
>
> 北川園長より

実際は、小林教諭が書いた架空の手紙であるが、子どもたちにとっては「実の場」となる出来事である。なお、園長名は校長先生の名前である。

② 「じどう車はかせがおしえてあげるよ」

本時で使用したワークシート（後掲）のタイトルである。先に見たように、手紙の宛名は「1年2組の自動車博士のみなさんへ」となっている。すでに子どもたちは本単元を通してさまざまな自動車のことを学んできている。前時は「ベビーカー」の「しごと」と「つくり」について紹介文も書いている。「自動車博士」になりきらせるというのは、こうした学びの履歴をふまえた巧みな設定である。

また、ワークシートの記名欄が「○○はかせ」となっていたり、〈はかせワッペン〉をつけたりしていることも子どもたちの学習意欲を高めている。

③ 「キリン号」を発明する

動物園から依頼されたのは、キリンを乗せるバスである。「キリン号」とは何とも夢とロマンのあるネーミングである。子どもたちの想像力を刺激する学習課題となっている。

以上、①〜③のような手だてによって、子どもたちは学びの場にすんなりと入り込んでいったのである。

(2) 学習者の生活経験の想起

動物園の園長さんからの依頼にも工夫が見られる。「今度、動物園のキリンたちが隣町にある東動物園に遠足に行くことになりました」という内容である。単にバスで移動するというのではなく、「遠足に行く」という点がポイントである。子どもたちは、つい先日、バス遠足に行ってきたばかりだからである。その経験があるから、自分がキリンの身になって考えやすくなっている。

小林教諭は、ワークシートでの作業に入る前に、「みんなもキリンさんのことを考えてキリン号を作ってあげよう」と発言したが、そこにはこうした背景があったのである。要するに、子どもたちから実感をともなったさまざまなアイデアが出されるような仕掛けである。単なる動物の移送という条件では、キリンの側に立ったアイデアはあまり出されないだろう。

(3) 学びを支援する文化的道具（教科内容）

本時は、〃「キリン号」の説明において「しごと」と「つくり」を関連づけて書くことができる〃という授業の目標に対応して、次のような〈教科内容〉が設定されている。

① 「そのため」の用法を理解する

本教材「じどう車くらべ」は、次のような基本文型が何度も繰り返されている。

> ○○は～というしごとをしています。そのため、というつくりになっています。

教科書の「学習のてびき」にも、この基本文型を提示して、「じどう車のしごととつくりをノートにかきましょう」という学習課題が掲げられている。「しごと」と「つくり」の関係を「そのため～」という接続語で結ぶことが本教材の中心的な〈教科内容〉である。

② つなぎ言葉を使って文章を作る

小林教諭はそれにとどまらず、授業の中で、子どもたちが「キリン号」の紹介文を書くときの「まほうのことば」として、次のような10個の言葉を例示している。

> まほうのことば
> 「ほかには」「あとは」「それは」「それから」「そのほ

かに」「そして」「だから」「そのほかには」「～ためです」「～からです」

「まほうのことば」というネーミングは授業中にとっさに思いついたものであるという。ただし、これらの言葉については、本時以前にも、ワークシートに「列挙」的に書いていた何人かの子どもたちが、「文章」のように書いてもよいかと言い出したときに、「だったら、こういう言葉はどうかな?」と言って、教師がいくつか紹介していた。今回の手だても、こうした学びの流れをふまえた支援であった。

こうした文化的道具は、子どもたちが文章を書くという活動の中で自ずから求められてきた知識・技能であり、学びの必然性や書く意欲に支えられている。教師による一方的な知識伝達や形式的な技術指導にはなっていない。こうした学びが知識・技能の真の習得・活用を促すのである。

実際、子どもたちはこうした言葉をたくさん使って文章を書いていた。例えば、一番最初に発表した児童（ゆうと）は、次のように書いている。

> キリン号はキリンをはこぶしごとをしています。そのために、キリンはくびがながいので、やねはありません。それからキリンはおもいので、タイヤが多くついています。それは少ないとこわれてしまうからです。それから、キリン号は広いです。それは、えさがあるからです。それはキリンがおなかがすいたら食べれるからです。

つなぎ言葉（傍線部）を使って、長い文章が書けている。しかも、「広い」←「えさ」←「おなかがすく」という理由づけの連鎖も見られる。1年生ということもあって、まだ文章として整っていないところも見られるが、これだけ書ければ十分であろう。「まほうのことば」という親しみやすいネーミングにしたことも奏功していると考えられる。

言語活動は、とかく「活動あって学びなし」と言われる事態を招くことがある。見かけが華やかなものになればなるほど、その傾向がある。その点で〈教科内容〉を明確にした上で本時の目標をきちんと達成すること、そして、それに基づいて言語活動の質を評価することがポイントである。

(4) 対話的・協同的な学び合い～アプロプリエーションとしての学び～

子どもたちの学びの様子をさらに詳しく見ていこう。授業の導入部で、動物園からの依頼を確認した後で、教師は次のように問いかけた。

T　みなさんは動物が乗った車を道路で見たり、本やテレビで見たりしたことがありますか?

C（さやか）ゾウ。

C（あや）DVDでゾウやカバやライオンが乗っているのを見たことがある。

C（ゆうこ）シマウマが乗っているのを見ました。

C（あずさ）いぬ。

T　見たことのないお友達に教えてあげましょう。どんなつくりになっていましたか?

C（ゆうこ）ドアがあって、シマウマのもようがついていた。

C（あずさ）買い物に行くときに、だれかが運転してて、座席のとなりにいぬが乗っていた。

C（あや）中にもドアがあって、顔が見られるようになっていて、キリンが屋根のところに穴があって、顔が見えるようになっていた。

……（以下略）……

事前の授業構想のとき、まさかここでキリンが出てくるとは思ってもいなかったのだろう。授業後の研究会の席上で、小林教諭は、こうした経験の想起が結果的に「キリン号」の屋根に穴が開いているという「つくり」を決定する先導的な役割を果たすことになってしまったのではないかという懸念を表明していた。

しかし、授業を見る限り、けっしてマイナスに作用したとは考えられない。むしろ、あやが言ったことは、他の子どもたちに深い共感と納得をもって受け入れられた。それも単なる模倣ではなく、それぞれの文脈の中に固有性を持って取り込まれているという点で、ワーチ（二〇〇二）の言う「アプロプリエーション（専有）」と見ることができる。これは、学習を個人的な勉強ではなく、社会・文化的実践と見る社会文化的アプローチに基づく学習論の中で提起された概念である。

「キリン号」の屋根に穴を開ける理由づけの論理がそ

れぞれに異なっていたことからも、単なる模倣ではないことがうかがえる。実際に、子どもの発言およびワークシートを見ると、少なくとも二つの理由づけが存在していた。

C（みほ）屋根に大きな穴が開いています。それから顔を出して外を見れるようになっています。

C（さおり）穴から首を出して空気をすうことができます。

いずれも、自分の生活経験を起点として理由づけをしている。こうした発言の背景には、先にも述べたように、子どもたちが先日バス遠足に出かけたということがあげられるだろう（教材本文のバスの記述の影響もある）。バス遠足を楽しむためには、外の景色を眺めたり、外の空気を吸ったりすることが必要であるという既有の知識・経験が想起されている。他にも、例えば、ゆったりと背伸びができるといった理由づけも可能であろう。

実際の授業では、こうした異なる理由づけを教師が取り上げることはなかった。対話的・協同的な学び合いをめざすためには、みほやさおりの考えを取り上げて、全体の場で交流させることが必要だったと思われる。そうすれば、「外の景色を見ること」の意味、「外の空気を吸うこと」の意味が子どもたちの実感レベルでもっと理解されただろう。つまり、バスの屋根に穴が開いているという「つくり」は、キリンが気持ちよく、楽しく遠足できるようにするためのものであるということが共有できるのである。

このように、子どもたちの多様な理由づけの発表・交流が行われるようになると、「なるほど」という共感・納得はもちろんのこと、「おや？　なぜ？」という疑問・葛藤も生じる可能性が高まっていく。ワーチの言う「抵抗と軋轢」（六一頁）をともなった本来的なアプロプリエーションによって、論理的思考・表現の精緻化につながっていくと考えられる。

(5) 多様な考えの生成と聞き合い

先に述べたように、動物が自動車に乗っている例をあげさせたことがマイナスに作用したのではないということは他の事実からも裏づけられる。

確かに、「キリン号」の屋根に穴を開けるという「つくり」を考えた子どもは多いが、全員がそうだったわけではない。むしろ、それ以外にもさまざまなアイデアが出されている。例えば、「首が長いので屋根がない」「体重が重いのでタイヤがたくさんついている」「逃げないようにオリがある」「えさを入れるので中が広くなっている」といったアイデアである。(「屋根がない」という考えは「屋根に穴が開いている」という先の発言を聞いて、今ひとつ納得できず、もっと別な考えを探っていった結果かもしれない。)

最もユニークなアイデアを出しているのが、最後に発表したゆみである。

> キリン号は、くびの長いキリンをはこぶしごとをしています。
>
> そのために、やねにあながあります。それに、キリンのからだが入るように、はばが広くなっています。それから、車にキリンのもようがついていて、キリンがのっていることをしめしています。もしキリンが何頭もいたときのために、うしろにつなげられるようになっています。

「まほうのことば」を使って、長い文章が書けているだけでなく、内容面でもさまざまな「つくり」があげられている。特に、列車のように車両を連結させるという発想はユニークで面白い。他の子どもたちも「重ねるところがおもしろい」という感想を述べていた。(小林教諭は、他の子どもの発表を聞くときに、自分とのちがいを考えながら聞くことを指示していた。また、その紹介文に対する感想も言わせていた。協同的な学び合いを重視する姿勢の表れである。)

こうして、「キリン」のための遠足バスという「しごと」に対応した多様な「つくり」が発表されていったのである。授業のねらいは十分に達成されたとみることができる。

2　まとめ

本授業は、入門期における言語活動の充実およびそれを通した論理的思考力・表現力の育成のあり方を考える上で、大きなヒントを与えてくれるものであった。

河野順子(二〇〇八)によれば、入門期の子どもたちが理由づけの論理を捉える技能を形成するための要件が3点明らかにされている。

①筆者の世界・論理の捉え方（筆者の認識の内容と方法）と入門期の子どもの生活経験に基づく既有知識との出会い、融合を重視する。
②子どもの生活経験から生成される感性的・感覚的な表現（比喩表現や擬音語・擬態語など）を土台にしながら論理的思考力を育成する。
③こうして生成された子どもの説明表現を、さらに生活経験に基づく既有知識と往復させたり、精緻化させたりするような支援を対話的応答によって行う。

つまり、子どもにおける生活の論理およびそれに基づく説明を起点として、それを他者との対話（媒介された行為）によって精緻化していくことによってこそ、単なる概念知としての論理の獲得ではなく、生きて働く論理の獲得、身体的、実感的に論理を捉える技能の習得が可能になるというわけである。

今回の「じどう車くらべ」の授業も、上記①～③の大切さについて改めて認識させてくれた。特に①に関しては、教材との出会い（本文の理解）を経て、新たな課題の解決に向けて自分たちの既有知識・生活経験を生かしていくための工夫が多く見られた。

そして何よりも、学年を超えて、言語活動の充実にあたって子どもたちの学習意欲をいかに高めるか、その上で〈教科内容〉としていかなる論理的な思考・表現にかかわる知識・技能を取り出して、習得・活用させるかという点で、単に入門期という段階だけでなく、どの学年でも留意しなくてはならない貴重な成果が得られたと言えるだろう。

（本文中の児童名はすべて仮名である。）

【引用文献・参考文献】

河野順子・国語教育湧水の会『入門期の説明的文章の授業改革』二〇〇八年、明治図書
河野順子『入門期のコミュニケーションの形成過程と言語発達』二〇〇九年、溪水社
鶴田清司『対話・批評・活用の力を育てる国語の授業～PISA型読解力を超えて～』二〇一〇年、明治図書
鶴田清司・河野順子編『国語科における対話型学びの授業をつくる』明治図書、二〇一二年
J・V・ワーチ／佐藤公治・田島信元他訳『行為としての心』二〇〇二年、北大路書房

【本時のワークシート】

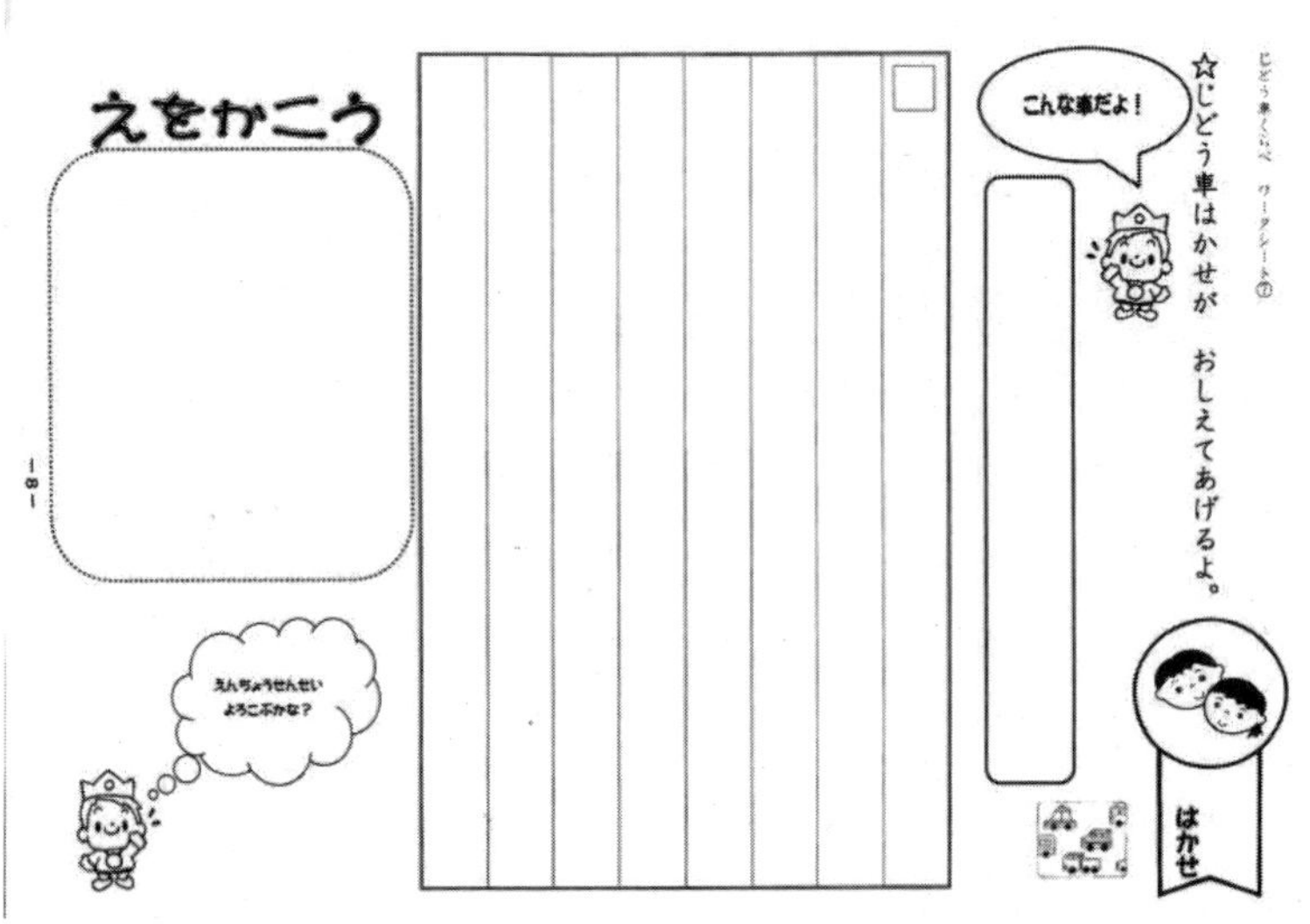

【前時までのワークシートの一例】

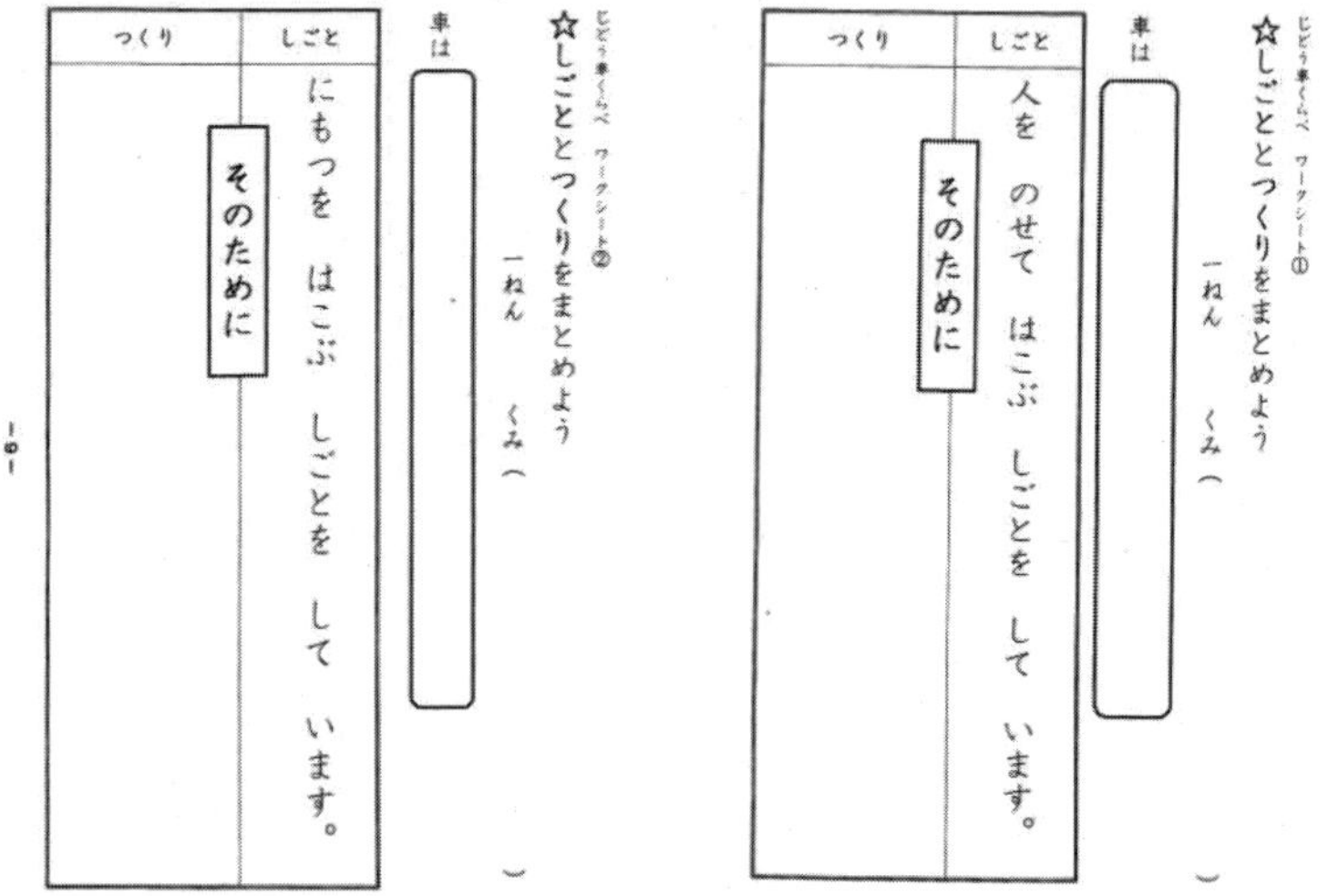

4　言語活動の守破離

松川利広（奈良教育大学）

1　はじめに

言語活動については、子ども一人一人の言語生活の充実と向上の視座から論じられなければならない。もとより教育は、他者とのかかわりにおいて、一人一人の能力や態度を育み養う営為である。一人一人に着目するということは、それぞれの個体自体が有する、精神の連続性と身体の全体性を尊重することにほかならない。

このような考えに立つと、断片的かつ単発的な言語活動は退けられることになる。子ども一人一人の内面において、一つ一つの言語活動が有機的につながり、あたかも一つの成長物語が生まれるような学習指導過程を構想・構築する必要がある。そして、そのことが実現するならば、一人一人の子どもは、一つ一つの言語活動を年輪のごとく受け止め、実感をもって自分自身の成長を喜ぶことができるであろう。

ここから導き出される仮説は、言語活動には順序性があり、それは易から難というオーソドックスな原理が働いているということである。しかも、それは、一人一人の子どもの内面において統率されていることが大切であるということである。

学校教育法を受けて、「習得」「活用」「探究」の用語が人口に膾炙しているが、本稿において「守破離」という用語に着目する理由を述べておきたい。それは「守破離」の考え方には、一人の人間の成長過程、つまり継時的全体像が強く自覚的に想定されていて、学びのダイナミズムが宿っていると判断したからである。

では、「守破離」とは何か。

守とは、守るということである。師や流派の教え、形や技術など独特なものを忠実に守り、精進・努力して、師や流派の教えを確実に身に付けることである。全ての芸道に於ける最も大切な基礎を養う「学びの段階」である。破とは、精進、努力して身に付けた流派やの教えや形、技を修行し、身に付けた流儀・流派に拘泥することなく他流とも交流し、研究・工夫を重ね、自己の技術の一層の向上は勿論のこと、自己の個性を生かした独特の技術を創造する段階である。離とは、字の通り離れるということであるが、破の状態よりさらに前進し、研鑽に研鑽を重ね、自らある境地に達し、自由闊達にして今までの流派に拘束されず、新しい独自のものを確立し、新機軸を開くことである。(堀籠敬蔵『剣道の法則』体育とスポーツ出版社、二〇〇二年七九~八〇頁)

この考えによれば、一人一人の子どもの学びの初期段階にあっては、ことのほか、表現力にかかわる能力を身につけるうえで、「型」の学習を確かに行うことの意義は大きいといえる。この「型」学習は、到達点ではなく、いずれ「破」や「離」へと展開していくための出発点であることを忘れてはならない。

2 フローと守破離

チクセントミハイは「自分のしていることにあまりにも没入しているので、その活動が自然発生的、ほとんど

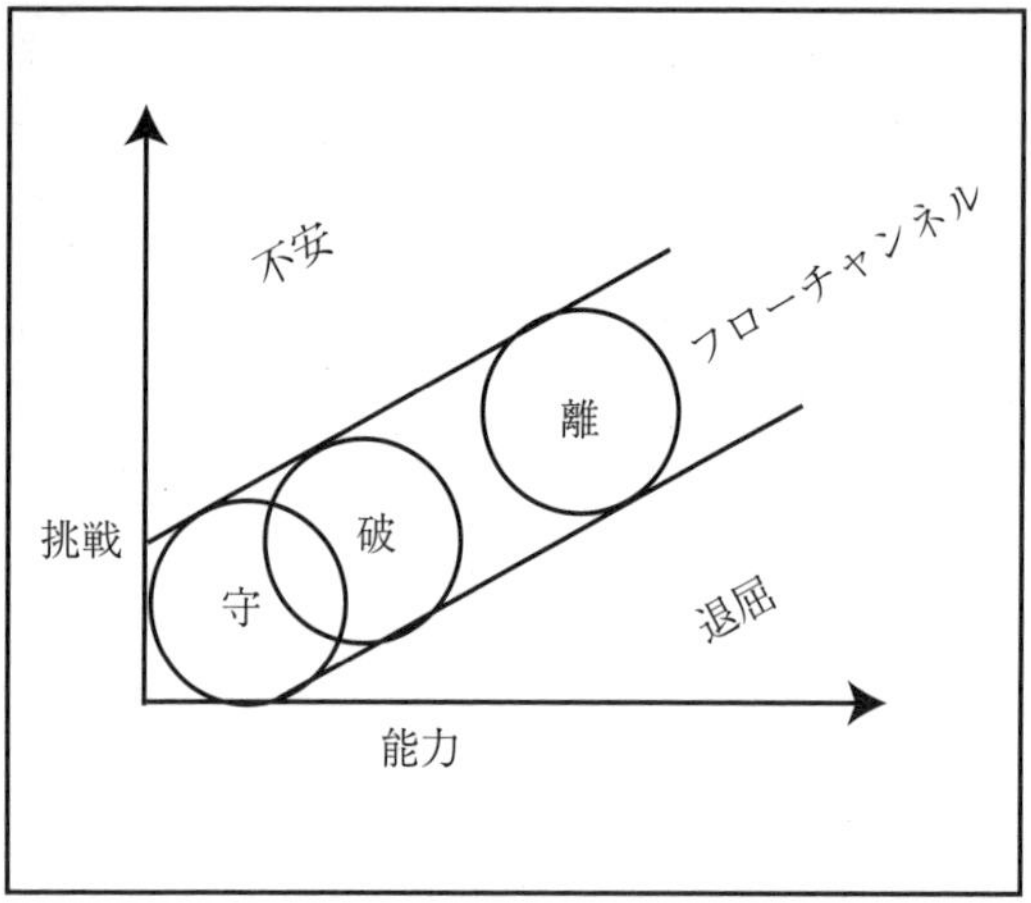

(M・チクセントミハイ/ 今村浩明訳『フロー体験 喜びの現象学』世界思想社、1996年、95頁を基に改変)

自動的になるということであり、現在行っている行為から切り離された自分自身を意識することがなくなる」状態（最適経験）をフローと呼び、それは、能力（スキル）と挑戦（困難度）との関係が作用していると説く。

図にあるように、能力（スキル）と挑戦（困難度）が合っていれば、一人一人の子どもは、現在進行的な楽しさを超越し、現在完了、過去完了的な楽しさを享受することになる。

ここで、能力（スキル）と挑戦（困難度）の関係を「守破離」と重ねてみる。

守の段階は、能力（スキル）も挑戦（困難度）も低く設定すれば、フローになるが、能力（スキル）に比して、挑戦（困難度）が高ければ「不安」になり、その逆の場合は「退屈」になる。

チクセントミハイは「楽しさは、この前向きの感覚、つまり新規な感覚、達成感覚によって特徴付けられる。（中略）楽しいことの後では、我々は自分が変わった、自己が成長した、その結果ある面では自分は複雑になったことを知るのである。」（同書、五九頁）、また「人は同じことを同じ水準で長期間行うことを楽しむことはできない。我々は退屈か不安を募らせ、再び楽しもうとする欲望が能力を進展させるか、その能力を用いる新たな挑戦の機会を見出すよう自分を駆り立てるのである。」（同書、九七頁）と述べる。これらの言説からは「守」の徹底こそが「破」へと進展する内部エネルギーとなることが分かる。

このように、子ども一人一人の内面において、一つ一つの言語活動が有機的につながり、あたかも一つの成長物語が生まれるような学習指導過程を構想・構築するうえで、チクセントミハイのフロー理論は示唆的であり支えとなるものである。

3　「守」に着目した言語活動

文部科学省の『言語活動の充実に関する指導事例集〜思考力、判断力、表現力等の育成に向けて（小学校版）』には以下のように記されている。「国語科においては、これらの言語の果たす役割を踏まえて、的確に理解し、論理的に思考し表現する能力、互いの立場や考えを尊重して伝え合う能力を育成することや我が国の言語文化に触れて感性や情緒を育むことが重要である。そのためには、『話すこと・聞くこと』や『書くこと』、『読むこと』に関する基本的な国語の力を定着させたり、言葉の美しさやリズムを体感させたりするとともに、発達の段階に応じて、記録、要約、説明、論述といった言語活動を行う能力を培う必要がある。」

この言葉の中の「基本的な国語の力を定着させ」と「発達段階に応じて」に着目したい。定着を「しっかりと根付くこと、なじむこと」と捉えるならば、そこからは、何度も何度も反復を伴う稽古的な学習が想起される。これは、守破離の「守」の段階に相当するものとして受け止めることができる。また、「発達段階」を平均的な学年発達としてではなく、一人一人の子どもの発達段階として捉えるならば、理想的には、チクセントミハイのいう「一人一人の能力（スキル）に応じたフロー（最適体験）」としての言語活動が計画・実施されるのが望ましいといえる。

「説明しなさい」「論述しなさい」と指示されても、一人一人の子どもは「何を」「どのように」という能力（スキル）を身につけていなければ、鉛筆を握ったまま思案するばかりである。まさにフロー理論による「不安」が募るばかりである。子どもは「楽しかった」という感覚、つまり達成感や有能感から遠いところに身をおくことになり、自ら学びつづけるという学習意欲も弱いものとなる。

このことから、一人一人の個に応じた手立てが必要であることが導かれる。守破離の「守」の段階にあっては、「最適体験」としての「型」学習が有効である。「型」は視覚から入ることができ、何（挑戦する内容）をどうするか（身に付けた能力（スキル）をどのように使うか）がイメージしやすいからである。いわゆる「先人の真似事に始まり、真似事に馴れ、真似事に徹し、真似事を超える」（藤原稜三『守破離の思想』ベースボールマガジン社、一九九三年、二一一頁）という守破離の具現化である。

このように捉えると、「守」は、模倣の段階といっても差し支えないであろう。模倣を繰り返すうちに、それでは満足できなくて、新しいアイデアを取り入れ、独自性の度合いを増していくというのは、芸術活動（表現活動）のみならず様々な事象において、首肯できることである。

次に、「型」学習の「型」を、①内容も用意された型、②内容は自分で考える型の二つに分けて考えてみたい。①の方が②に比べて、模倣度は高く、平易な学習になるが、小さな達成感の積み重ねが有能感を高め、新たに挑戦する精神を醸成していくことになる。①の場合、学級担任、教科担任による自作の型（モデル）がよいであろう。教師が、一人一人の子どものことを思い浮かべながら作成した型（モデル）は、教室という場における教育的価値が高いといえる。それは、教師自らかかわることによって、子どものつまずきが実感的に捉えられ、指導の言葉も温かみのある具体的なものとなるからである。

4　教師自作による「型（モデル文）」学習と「守」

私は以下に記す授業に立ち会ったが、どの子どももも「型（モデル文）」を足場として、自分なりに考えた言葉で楽しく書き進めていた。教師のモデル文は、「①内容も用意された型」であり、「だい」「はじめ」「中（ミニトマトのようす、せわをしているようす）」「おわり（気もち）」から構成されたものであった。紙幅の都合で全文対照することはできないが、「中」の後半部（せわをしているようす）」の文頭に「せわをしていて一ばん〜ことは」の語句が添えられた箇所に着目して、「教師によるモデル文」と「子どもが書いた文章」の表現差について見てみる。

○教師によるモデル文

〈中〉（せわをしているようす）

せわをしていて一ばんたいへんだったことは、毎日水をやることです。朝学校にきたらすぐに水やりをしますが、一どわすれたときがありました。ミニトマトはかれそうでしたが、水をあげると元気になりました。

○子どもが書いた文章（小学2年）

〈中〉（せわをしているようす）

せわをしていて一ばんしょっくだったことは、みずやりをしていて三つついていたみがぜんぶおちたことです。しょっくでした。でもまたみがなりました。みがおちたときは、たいへんでした。

子どもは、そのままモデル文を引き写すことはしないで、冒頭の言葉（指定の語句）を受けて、自分なりの体験（ショックだったこと）を言葉で表している。このように、型は自分を振り返り、見つめる装置として機能していることが分かる。このような型を伴う書くことの指導は、何をどのように書いたらよいか分からない子どもにとって、クイズに答えるような遊びの感覚で、ワークシートに書き込むことができ、いつのまにか、文章体を為していることに気づくことになる。ここに、小さな成功体験が確実に刻まれるのである。

　この用例は、現職の教職大学院生の実践事例である。私は、この院生の授業を一年間通参観した結果、「守」の段階の「型」学習を四月から繰り返し行った学級では、二学期の中頃から、どの子もその子なりに、書くことを心から楽しむようになっていく姿を目の当たりにすることができた。また、それは教師の自信、子どもの自信につながり、話したり話し合ったりするなどの他の言語活動にもよい影響を与えることになった。

　教師が「型（モデル）」を示し、同様の「型」学習が繰り返されると、子どもたちは、「型（モデル）」を少しずつ破ろうとする方向に進み始める。モデルの提示は、個性をなくし画一的な子どもを育てるという考えもあるが、それは教室の子どもたちの実際を見る限り当てはまらないといえる。「守」の段階においてそのような事実を確認することができるのであるから、今後は「守」が「破」と「離」におよぼす影響、つまり個体史としての検証が待たれるところである。

5　英国（イングランド）の言語学習に見る「守」

守破離の考えは、外国の言語教育においても当てはまる。言語の獲得過程は同様であるからである。ここでは英国（イングランド）の事例をとおして、我が国の言語活動、特に言語活動の「守」の段階の在り方について考えてみたい。

　Shacklewell Primary School（ロンドン）で、物語（創作）の授業（4年）を参観したとき（二〇一一年九月）のこと、子どもたちは、個々のノートに貼付された「本時の課題」に従って学習を進めていた。「本時の課題」は以下のとおりである。

　Thursday 8th September 2011/L1: to describe the main characters./I can use adjectives./I can give back-ground information about a character./I can describe what a character does./I can use connectives from my VCOP sheet.

主人公の「背景、行動、外見」などを、「形容詞を使って」「VCOP sheetの中のつなぎ言葉を使って」説明（叙述）する力を身に付ける学習であった。

ところで、VCOP sheetのVCOPとは何か。それは、書く力を段階的に（易から難の方向で）に向上させていくための基本語彙（記号含む）であり、それは、V＝Vocabulary、C＝Connectives、O＝Openers、P＝Punctuationの四つのカテゴリーからなる。VCOPについて少し補足する。Vに集められる単語は、学校や学級の実態や教科学習の内容等を考慮しながら選定され、主として形容詞や副詞が多い。例えば、何でもniceで片付ける傾向にある学級では、beautiful, stunning, fantasticなどの言葉が提示される。このVはAmbitious VocabularyとAmbitiousを付加して、子どもの使用意欲や向上心を喚起するような演出が行われている。）、Cに集められる単語は、and, because, but, so, when, thenなどのつなぎ言葉である。Oに集められる単語は、I, My, When, First, Suddenlyなどの文頭に用いる言葉である。学校によっては、Cool connectives とCoolを付加することにより、「冷静で論理的」に「かっこいい」というイメージを重ねて、子どもの意欲を喚起しているところもある。Pには、句読点、疑問符、感嘆符などの文を書くうえで必要な符号が集められる。

このVCOPは、ピラミッドの形として表され、段階的に使用語彙のレベルを上げていく仕組みになっている。一人一人の能力（スキル）差にも対応したシートといえる。このように、VCOPシートは、書く力の基礎学習を支える有効な資料であり、英国においても「守」の段階が大切にされていることが理解できる。日本においては、様々な言語活動と連動した、生きて働く学習基本語彙の選定とその活用方法の研究を積極的に進める必要がある。

VCOPが単語レベル、文レベルであるのに対して、文章レベルの「型」学習もある。この「型」学習は、先に触れた「②内容は自分で考える型」にあたるものであり、英国では、この種の「型」学習が多く取り入れられている。例えば、討議をする場合、Argument frameが用意される。各段落のはじめの言葉が用意され、空白の部分は、自分の言葉で書くことになる。型が自由自在に使えるようになるまで、論題を変えながら反復学習を行うのである。また型にも多くのバリエーションがあり、子どもは多様な型を身に付けていくことになる。英国では、型の開発が進んでいて、それらは、インターネットのサイト（例http://www.primaryresources.co.uk/）で公開されている。

Some people might argue that…but I think that… for several reasons./One reason is that……/A further reasons is that…/Furthermore…/Therefore, although some people think…/I think I have shown…/

上の型は、議論型文章で、自分とは異なる他者の考えを想定しながら、それよりも自分の考えの方が優位であることを三つの理由を添えながら述べる展開になっている。これは、クリティカルシンキングの力を付ける「守」から「破」の段階に進んでいく学習として位置づけることができる。

6　まとめ

以上、言語活動を守破離として捉えることの意義と、とくに学校教育における言語活動については、守破離の「守」に重きをおくことが大切であることを、日本と英国（イングランド）の事例をもとに述べた。言葉は、継承・発展し今日に至っている。その継承・発展を可能にしているのが広義の文法（言葉のきまり）である。人間の言語発達において、初期段階にあっては、広義の文法の基礎を獲得することが大切である。そのためには、単語レベル、文レベル、文章レベルにおいて、よき「型（モデル）」に出会うことが鍵となる。中西進の「われわれは学校や塾で学習するのだが、学は「まなぶ」こと、習は「ならう」ことだ。「まなぶ」とは真似ることで、個々人が目標の真似をすることが要求された。何が真似なのかは個人の判断だから、真似は千差万別に存在する。それでいて個人の理解によるのだから、主体が大きく関係してくる。」（『日本人の忘れもの』二〇〇一年、ウェッジ、一〇三頁）という言葉を敷衍すれば、「型（モデル）」は、一人一人の子どもの思考力、判断力、表現力を多様的・多元的に磨き、開く装置となるのである。

5　中学校国語科における「批評」の位置づけ

上谷順三郎（鹿児島大学）

はじめに

平成二〇年告示の学習指導要領国語において、特に中学校国語において、特徴的な言語活動例である「批評」を取り上げ、その読み書き教育としての位置づけを確認し、「読むこと」の教科書教材について検討を試みる。

1　読み書き教育の実践としての「批評」

(1)「読むこと」における「批評」

小学校における「伝記」と同じように、中学校国語科を特徴づけるのが「批評」である。第三学年の言語活動例ア「物語や小説などを読んで批評すること。」の解説は以下の通りである。（傍線は引用者。以下同じ。）

物語や小説を読み、作品の内容や登場人物の生き方、表現の仕方などについて批評する活動である。「批評」とは、対象とする物事や作品などについて、そのもののよさや特性、価値などについて、論じたり、評価したりすることである。物語や小説を適切に批評するためには、文章を主観的に味わうだけでなく、客観的、分析的に読み深める力が求められる。そのためには、語句や描写などについて、その意味や効果を評価しながら読むことが大切である。また適切な批評をするためには、作品を分析する力が必要である。その力を高めるために、例えば、同じ作者による複数の作品や、類似したテーマの作品を読み比べることなどが考えられる。

小学校における「伝記」の学習からさらに踏み込んで、その作品の価値について言及することになる。しかしながら、「伝記」と異なり、描かれているのは実在の人物ではない。ということで、フィクション（虚構）として読む力が求められることになる。別な言い方をすると、フィクションではあるが、可能なかぎり、登場人物や物語の舞台を表現に即して的確にとらえ、人物関係を読み取り、作品世界を具体的にイメージすることが必要となる。

ちなみに、平成二三年五月に示された「言語活動の充実に関する指導事例集（中学校版）」では、「走れメロス」を取り上げた実践が紹介されている。評価規準の「読む能力」には「話の展開の仕方、場面や登場人物の設定の仕方をとらえ、気になったり、感じたりしたことを書き出している。」と「細部の叙述や物語全体の構造について自分なりの評価を書いている。」が挙がっている。言語活動の充実の工夫としては、「感想や批評に関する語彙の使い分けの例」と共に次のように記されている。

> 文章の解釈を踏まえて評価させる際に、生徒の思考や判断を促すために、右のような語彙の使い分けに着目させる方法が考えられる。指導上の留意点としては、例えば単に「すばらしい」などの語を使えばよいということではなく、何に着目してどのように考えて判断した結果「すばらしい」という評価になったのかを明らかにさせるということである。また、「読み手に～という効果を与えている」、「～という点が巧みだ」、「読み手に～という疑問を与える」、「～という点で矛盾している」などの言い表し方を併せて例示すると、生徒の思考や判断をより促すことができる。

(2)「書くこと」における「批評」

第1学年の言語活動例ア「関心のある芸術的な作品などについて、鑑賞したことを文章に書くこと。」と合わせて、「書くこと」において注目すべき活動が第三学年の言語活動例ア「関心のある事柄について批評する文章を書くこと。」である。小学校と同じく、創作的な活動が増え、第二学年においては「詩歌をつくったり物語などを書いたりする」活動もある。そして第三学年で「読むこと」と一緒に「書くこと」においても取り上げられているのが「批評」である。解説は次のようである。

「批評」とは、対象とする事柄について、そのもののよさや特性、価値などについて、論じたり、評価したりすることである。

ここでいう「関心のある事柄」については、社会生活にかかわる様々な事物や出来事を考えることができる。これを批評するには、書き手の視野の広さや、論理的に物事を考える力が大切である。そのためには、関心のある事柄について、関連する事柄や背景などにも興味をもたせ、書き手の主観だけでなく、客観的、分析的に物事をみつめる姿勢をもたせることが必要である。

> 記述に関しては、対象となる事柄を分かりやすく説明したり、判断や評価の理由や根拠などを明確に示したりすることなどが求められる。

「読むこと」における「批評」では、物語や小説といった、書き言葉で表されたものを読んで、その内容を論じる。「書くこと」においては、批評の対象が現実世界となる。「読むこと」の学習で身に付けた「批評」の力をもとに、現実を分析し、自分の考えをもとに考察し、相手（読み手）に向けて表現する実践として位置づけられる。

ちなみに「言語活動の充実に関する指導事例集」では「高等学校のパンフレットを批評する文章を書こう～資料を引用して書く～」が紹介されている。先の「読むこと」における「批評」の実践と同じく、引用して根拠を示すことと比較によってその違いを明らかにすることが重要となる。

2　「高瀬舟」（森鷗外）の批評文

平成二四年の教科書では全社で森鷗外が取り上げられている（「高瀬舟」「最後の一句」「木精」）。ここでは「高瀬舟」について、中学校での教育実習を前にした学生が批評文としてまとめたものを紹介する。

まず「話の内容や登場人物の生き方」を中心に批評したものから。

> この作品は、生死への考え方がテーマのひとつとなっている。
>
> 物語の中で嘉助は弟殺しの罪人として高瀬舟に乗っ

ているが、嘉助は、病気の苦しみに耐えきれず自殺するが死ぬことができずに苦しむ弟を苦しみから助け出すために仕方なく死なせてしまったのである。どうせ死ななくてはならなかった弟を苦しみから救い出そうとしたことは罪なのだろうかと庄兵衛は疑問を持ちながらも答えを出すことが出来ない。嘉助の弟殺しは罪なのか罪ではないのか、読者に考えさせる話になっている。そして、自分が嘉助の立場だったらどうするかと考えることで、より深く、人物の心情を考えることができる。さらに物語の中では江戸時代であるが、「死ぬほどの苦しみから救い出すために殺してしまうことは罪か罪ではないのか」という疑問は、現代の社会ではどのように考えられるのか、考えるきっかけを与えてくれる物語である。

また、物語の中で、嘉助は「足ることを知っている」が、庄兵衛は「満足を覚えたことはほとんどない」とある。人の欲はどんどん出てくるもので、とどまることを知らないものだが、嘉助は欲がなく、遠島を申し渡された状況においても、満足している様子である。さらに、次の場面で、庄兵衛が嘉助を「さん」付けで呼んでいる。現状に満足することを知っている嘉助への尊敬の思いを読み取ることができる。この「満足する」という生き方からも、自分を見つめ直すことができるのではないだろうか。欲のない嘉助は庄兵衛にとっては、敬意を示すような存在であるように、読者にとっても、生き方を考えさせられる存在となる。

このように、「高瀬舟」は人物像や心情を読むことで、自分の生き方や死に対する考えを深めさせてくれる物語である。

次に「表現の仕方」を中心に批評したもの。

「高瀬舟」を読んでまず印象に残ったのは、この短く淡々とした物語の中に奥行きが感じられるところである。嘉助の弟殺しを語る場面を除けば、同心の羽田庄兵衛と罪人の嘉助という2人が高瀬舟を舞台に話している、ただそれだけなのに、惹かれてしまう。読み手を引き込ませるポイントは2つあると思う。

1つ目は、多彩な言い回しである。例えば、横になる気配もなく楽しげにしている嘉助を見ていたときの庄兵衛の心の内を語る場面では、「この男はどうしたのだろう。」ということばが最初と最後に現れている。これによって庄兵衛が嘉助の人物像を掴めていないことが伝わるし、読み手も嘉助に対する不信感や疑惑を庄兵衛とともに膨れ上がらせていくことにもなる。また、2回目の「この男はどうしたのだろう。」という疑惑の前に、庄兵衛が自問自答を繰り返している点でも、読み手に親近感を持たせる効果があると思う。庄兵衛の心の内がそのまま表れていることで、読み手であるはずの自分も、まるで庄兵衛になって物語に踏み出した錯覚を覚えるからである。

2つ目は会話文・心情文が長いところだ。罪人になるに至った弟殺しを語る場面も、場面転換して過去に遡るなどではなく、嘉助がすべて話している。だから弟がどう思っていたかも、近所のばあさんがどうしていたかも、読み手はあくまでも嘉助の知る範囲、嘉助の考えでしか知ることができないのだ。そこにわたしは大きな魅力を感じた。加えて、嘉助の語りや庄兵衛の心情描写が多いことで、暗い川のぽつんとした舟の上で、嘉助の声だけが響いている状景までも想像できるところもおもしろい。

また、この物語は「今」と繋げることもできる。「自殺ほう助」ということばは今や珍しいものではない。自殺を止めるのではなく何故ほう助してしまうのかと思うこともあったが、「高瀬舟」を読んで少し考えさせられた。自分が嘉助だったらどうするだろうか。実に読み応えのある作品である。

3　「故郷」（魯迅）の翻訳比較

批評の実践では、根拠として引用することと違いを明らかにする語彙の吟味がポイントとなる。引用による論証は小学校高学年からの実践の延長である。語彙の吟味も様々な実践を通して経験してきているところであるが、ここでは、翻訳比較を取り上げる。

「故郷」の教科書教材は竹内好訳である。が、もちろん他にも翻訳はある。それらの翻訳を利用することで、表現の微妙なニュアンスを感じ取ったり、自分に好みの翻訳を見つけたりすることができれば、それは、日本語が原文の作品を読む際にも、また英語などの外国語を読む際にも、語彙を吟味する力として発揮されるにちがいない。

(1) 冒頭部分の風景

翻訳でも作家の文体は十分にわかる、と保坂和志は『書きあぐねている人のための小説入門』(草思社、二〇〇三・一〇・三〇、一二三頁)で述べたが、特に風景の描写においては作家の身体性が反映されるという点も強調している。

以下、古いものから順に冒頭部分を並べてみる。

①竹内好訳

厳しい寒さの中を、二千里の果てから、別れて二十年にもなる故郷へ、私は帰った。

もう真冬の候であった。そのうえ、故郷へ近づくにつれて、空模様は怪しくなり、冷たい風がヒューヒュー音を立てて、船の中まで吹き込んできた。苫のすき間から外をうかがうと、鉛色の空の下、わびしい村々が、いささかの活気もなく、あちこちに横たわっていた。覚えず寂寥の感が胸に込み上げた。

ああ、これが二十年来、片時も忘れることのなかった故郷であろうか。

②高橋和巳訳

厳しい寒さをおかして、二千余里をへだて、二十余年間無沙汰をしていた故郷へ、私は帰った。

季節は真冬、故郷に近づくにつれて、天気もくずれ、冷たい風が船艙に吹き込んで、ウウと鳴った。篷の隙間から望むと、灰黄色の空の下、あちこちにさびしげな村々が横たわり、なんの活気もない。とどめえずして私の心に悲哀が起る。

ああ! これが二十年間憶いつづけていた故郷なのか?

③丸山昇訳

私は厳寒のなかを、二千余里離れた、二十余年ぶりの故郷へ帰って行った。

季節は真冬だった。それに、故郷に近づいたころには空も薄暗くなってきて、冷たい風が船の中に吹きこみ、ヒューヒューと鳴った。苫のすき間から外を眺めると、鈍い色の空の下に、人気のない、さびれた村々が遠く近く横たわっていて、いささかの活気も感じられない。私は寂しさがこみあげてくるのをどうしようもなかった。

ああ、これが二十年来、絶えず思い起こして来た故郷なのだろうか。

傍線部は翻訳表現の異なるところである。批評する際には、まずこれらの表現を比較吟味するところから始めるという方法がある。これらは、原語では同じ表現なのに、訳者によって異なる日本語が当てられている。訳者の生きた時代・社会の異なりや個人的な経験や感性の違いからくるもの、そして訳者としての文学的判断が表れたものと考えられる。

視覚的には空の色のとらえ方が異なり、聴覚的には風の音が異なり、そしてそれらが重なって感じられる景色への感想も異なってくる。そのようにして、「故郷」がそれぞれ「片時も忘れることのなかった」「憶いつづけていた」「絶えず思い起こして来た」ものとして表現されている。

(2) 会話と呼称

地の文における描写だけでなく、会話における言葉遣いにも着目させ、坂口京子が指摘しているように「呼称」の果たす役割についても学ばせたい。(1) 以下は竹内訳と藤井省三訳である。

①竹内好訳

「ああルンちゃん――よく来たね……。」

続いて言いたいことが、あとからあとから、数珠つなぎになって出かかった。チアオチー、跳ね魚、貝殻、チャー……。だが、それらは、何かでせき止められたように、頭の中を駆け巡るだけで、口からは出なかった。

彼は突っ立ったままだった。喜びと寂しさの色が顔に現れた。唇が動いたが、声にはならなかった。最後に、うやうやしい態度に変わって、はっきりこう言った。

「だんな様!……。」

わたしは身震いしたらしかった。悲しむべき厚い壁が、二人の間を隔ててしまったのを感じた。わたしは口がきけなかった。

②藤井省三訳

「わあ! 閏兄ちゃん――いらっしゃい……」

続けて話したいことが山ほど、次々と湧き出てきた。角鶏、跳ね魚、貝殻、猹……しかし何かに邪魔されているようで、頭のなかをグルグル駆けめぐるばかり、言葉にならないのだ。

立ちつくす彼の顔には、喜びと寂しさの色が入り交じり、唇は動いたものの、声にならない。やがて彼の態度は恭しいものとなり、はっきり僕をこう呼んだのだ。
「旦那様！……」
僕は身ぶるいしたのではないか。僕にもわかった、二人のあいだはすでに悲しい厚い壁で隔てられているのだ。僕も言葉が出てこなかった。

まず呼称である。「わたし」と「僕」ではかなり印象が異なる。そしてまた会話では「～ちゃん」と「～兄ちゃん」となっていて、つまりは子どものころから関係の差（年齢差だけでなく身分差も）があったということにもなる。どんな風に呼び合っていたのか、それが今はどうなったのか。物語・小説での呼称の変化は注目度大である。

また地の文での微妙な表現の違いにも留意させたい。どちらがいいかではなく、どのようなニュアンスが感じとられるかという問題としてである。

竹内訳では、「言いたいことが」「出かかった」が「口からは出なかった」。藤井訳では、「話したいことが」「湧き出てきた」が「言葉にならないのだ」とある。その際の「何かでせきとめられたように」と「何かに邪魔されているようで」にも違いは認められるだろう。「だんな様」「旦那様」についても、「最後に」「こう言った」というのと、「やがて」「僕をこう呼んだのだ」では、かなりニュアンスが異なる。だからその後の身震いも「したらしかった」と「したのではないか」となり、「わたしは口がきけなかった」と「僕も言葉が出てこなかった」になってくる。

このように、助詞の使い方や会話での感動詞の違いなどにも目を向けさせると、口語文法の復習にもなり、解釈の幅も広がっていくことが期待できる。

注

（1）坂口京子「参考　魯迅「故郷」の新訳」浜本純逸監修『文学の授業づくりハンドブック第4巻』（渓水社、二〇一〇・三・三一、一一六頁）

『小学校国語科言語活動パーフェクトガイド1・2年』（水戸部修治 著）

吉永　幸司（京都女子大学）

平成二三年度から小学校の新学習指導要領が全面実施され、国語科指導では四割の遅れがあったことが、ベネッセコーポレーションの調査で分かったという。（見出しは「小学校・国語授業4割に遅れ」日本教育新聞2月）記事は、「時数は十分確保しているが、国語の教科書はページ数が大幅に増え、教材の内容で変更も多かった」という公立小校長の談話を掲載した。学習指導要領を改訂することは、教科書の内容や編集が変わることである。それに、対応する指導ができていないという調査結果である。「言語活動の重視で、単元の最後にある活動内容のグレードを高くしていること」ということになるのであろう。

教科書が分厚くなり授業に対する負担感が多くなっているという声を耳にすることが多かったので記事の内容を理解し納得した。

本書は、題名が示す通り、これらの課題に答える言語活動の案内書である（本書の他に中・高学年がある）。本書では、国語科の授業づくりの基本として「その授業でいったいどんな力を付けるのかということである。付けたい力が決まれば、何をどう指導するのかが決まってくる。付けたい力の明確化が、国語の授業づくりの決め手である。」と、述べている。このことを念頭において読めば言語活動の充実にたどり着く。

言語活動の充実を図るとはどのようにするのかについて、1学年4事例2言語活動の展開を示している。事例は、単元づくりのステップを、単元として付けたい力を確定することから指導過程の構想までの四段階を踏まえて生み出されたものである。言語活動に負担感をもち、指導の仕方を変えたいと思っている時に役立つ。更に事例では、単元構想、単元構想のポイント（導入、展開1、展開2、発展）授業の展開、指導のポイントが具体的で内容がきめ細かい。まさにパーフェクトガイドである。

一般的に活動は、「学習活動」と「言語活動」の二語が存在する。本書を参考に授業をするときの、思考力、判断力、表現力のほとんどは、言語の働きである。つまり、「言語活動の充実」という場合の「言語活動」は、目標として営まれるものであると考えて本書を活用すると授業改善に役立つ。

（明治図書、二〇一一年、税込二五二〇円）

『国語科授業改革への実践的提言』（大内善一 著）

大内善一（茨城キリスト教大学）

自著紹介の形で、拙著を取り上げさせて頂くことにする。

拙著『国語科授業改革への実践的提言』は、私の前任校・茨城大学を定年により退職するに際してまとめた講演集である。本書は茨城県国語教育研究会国語研究部主催による「茨城県国語指導者筑波研修会」において十一年間にわたって行ってきた講演の中から任意に八回分を収録したものである。

内容は、「話すこと・聞くこと」「書くこと」「読むこと」の各領域にまたがっている。言うまでもなく、新学習指導要領では「言語活動例」もこれらの各領域にまたがって示されている。

拙著では、言語活動の基本中の基本とも言える「話し合い」活動を「語り合い・聴き合い」というコンセプトによって繰り返し取り上げている。拠り所となっているのは、佐藤康子・大内善一著『子どもが語りあい、聴き合う国語の授業』に取り上げられている佐藤教諭の実践である。この「語り合い・聴き合い」という実践に関しては、「話し〈合う〉ことの難しさ」「『関わって話す』という方法」「語り合い・聴き合いという学習の場の形成」「ことばにおける対話性の回復」といった課題に関して、具体的な実践場面を取り上げながら言及している。

また、「書くこと」の領域の「言語活動例」に今回初めて明示された「詩や短歌、俳句、物語や随筆」等の創作文の指導に関しても、ひと工夫ひねりを加えて楽しく活動できる実践事例を数多く取り上げている。

例えば、「俳句」の創作では、いきなり生活詠としての写生俳句を創作させるのでなく、「ごんぎつね」の物語から俳句を捻り出させる「物語俳句」作りの実践を紹介している。逆に、「子ども俳句」からお話（物語）を作るという「子ども俳句の書き替え作文」の実践も取り上げられている。

詩の創作では、「一行詩作文」「連詩」の実践などが指導の際に使用するワークシートと共に具体的に紹介されている。「パロディ短歌」作りや「短歌の書き替え」作文、「詩の書き替え」作文等も紹介されている。さらに、私がかつて提唱した「コピー作文」の実践も取り上げられている。

「書く活動の《場》の工夫」に関しても、「ゲーム感覚で書く場」「書き広げる場」「虚構の場」「双方向で書き合う活動を行う場」等実践事例が豊富に紹介されている。

（溪水社、二〇一二年、税込二九四〇円）

『子どもの言語心理　1児童のことば』（福沢周亮　編）

成田　雅樹（秋田大学）

本書は五章構成（Ⅰ児童の話しことば、Ⅱ児童の語彙、Ⅲ児童の文章理解、Ⅳ児童の作文、Ⅴ児童の詩）で、編者を含む五人が各章を執筆している。まえがきにあるように、本書は子どもの言語を対象としたわが国の資料を中心とするものであることが、本書を薦める理由である。言語活動に関する参考書にはハウツー本が多い。これはこれで実践の指針になっているが、言語活動の充実によって目指されている思考力・判断力・表現力等をどう考えたらよいか、言語とこれらの力がどう関わるのかについては、示唆を得ることが難しい。また一般的な心理学書は、言語とこれらの力との関係について学ぶことはできるものの、それは子どもの言語や言語活動と子どもの思考力・判断力・表現力等を対象とした研究成果ではない。言語活動を生かし充実させていくには、本書のような子どもの言語心理の知見に学ぶことが欠かせない。たとえば、本書のⅠ章では、内言やおしゃべりレベルの外言と意識（思考）との密接不可分な関係について述べた後、児童期に入ると自己中心的言語（ひとり言など）が減少するという研究結果が紹介されている。ピアジェとヴィゴツキーの説から「社会的言語の習得が始まることによって、（中略）非社会的な話しことば（自己中心的言語）は児童の意識の中に内化し、（中略）思考のための言語」となることがわかる。児童期には、述語中心の内言から目的語が利用可能な外言に移行して思考対象を整理していくとも述べられている。考えを外言化する発表や話し合いは有意義なのである。また、小学生（1・4年）に絵の説明をさせたところ、添音（文末の～ね、～よの類）と文節の出現率が友人相手の場合に最大となり、感情豊かに脚色し連想した内容を加えて長く話したという。外言化の相手は、教師や学級全体よりも特定の友人にすることが、感情表現を伴う言語活動に最適であるといえるだろう。また図形の特徴を説明するという実験では、小学校2年生…情報量が少ない、4年生…情報量は多いが余計な情報も多い、6年生…要不要を判別し情報が簡潔になる、という結果が得られたという。説明の言語活動にどの程度の条件を求めるか、発達段階に適した計画を立てる際の参考になる。

このように、本書は言語活動の指導計画に直接参照できる内容が述べられているわけではない。しかし、読者諸賢が主体性をもって読むときには、ヒントとなる知見を豊富に見出せるであろう。

（大日本図書、一九八七年、税込八一六円）

『白石範孝の国語授業の教科書』（白石範孝 著）

桂　聖（筑波大学附属小学校）

白石氏は、多くの国語授業に見られる問題点として、次の四点を指摘する。

①イメージと感覚の授業
②作品の内容をなぞるだけの授業
③暗記中心の授業
④活動中心の授業

これらは「言語活動」が陥りやすい問題にも、ほぼ合致するものである。

例えば「物語を演じる」という言語活動。確かに、劇という楽しい言語活動によって、内容のイメージを膨らませることができる。だが、その劇を通して、何を指導しているのか。指導内容が不明確になることが多い。

白石氏は、指導内容を、他に転移する力として、次の三つを指導すべきだと言う。

①用語
②方法
③原理・原則

文学では、これらを次の10の観点から指導する。

①時・場所　②登場人物
②中心人物　④語り手
⑤出来事
⑥大きく変わったこと
⑦三部構成
⑧お話の図・人物関係図
⑨一文で書く　⑩おもしろさ

また、説明文では、次の10の観点で指導する。

①題名　②形式段落
③意味段落
④形式段落の主語をとらえる
⑤要点　⑥三部構成
⑦問いと答えの関係
⑧文章構成図
⑨事例（具体と抽象）
⑩要旨（主張）

本書では、「用語」「方法」「原理・原則」について、様々な教材を取り上げ、具体的な言語活動を示しながら解説されている。

私たち教師は、「言語活動」を通して、活用できる「指導内容」を、意図的・計画的に指導すべきである。

本書では、その理論や方法が、イラストを用いながら、項目ごとに、わかりやすく書かれている。国語の授業で悩む多くの方に、ぜひ読んでいただきたい。

（東洋館出版社、二〇一一年、税込一六八〇円）

『小学校学習指導要領解説　国語編』『中学校学習指導要領解説　国語編』（文部科学省）

丸山義昭（新潟県立長岡大手高等学校）

指導の系統性を踏まえ、小・中学九年間の時間軸の中に位置づけて、日々の授業を考えていくなら、「一冊」ではなく「二冊」ということになろう。私は高校だが、高校の教師も小・中学でどのような指導がなされてきたのか十分知った上で、生徒に対した方がよいと考える。

この二冊は、学習指導要領改訂の要点の眼目である「言語活動の充実」について学んでいく上で、まさに最初に手にとって読むべき本であろう。

小学校は低・中・高学年の三段階ごとに、中学校も各学年ごとに、「話すこと・聞くこと」、「書くこと」、「読むこと」の各領域における指導事項の解説とともに、学習指導要領に示された言語活動例の解説が書かれているからである。

私たち読み研の教師としては、中でも「読むこと」の言語活動例の解説を熟読・吟味したくなるのは当然であろう。たとえば、低学年の言語活動例として「物語や、科学的なことについて書いた本や文章を読んで、感想を書く言語活動」があるが、「『心に残る』、『すばらしい』、『よく分かる』などの感想を表す言葉の指導」を併せて行うことが必要であるとしている。

また、「読んだ本について、好きなところを紹介する言語活動」においても「『一人で読める』、『面白くてたまらない』などといった紹介のための言葉を活用しやすいように語彙表を配布したり、実際の本の紹介文、本の帯などの実物をモデルとして示したりして、そこから紹介文の書き方の要素を見付け出させるなど自らの気付きを大切にした学習が進められるようにすることが求められる」としている。

子どもたちの語彙を直接増やしていくこと、モデルによって書き方を発見させることなど、こうしたきめ細かい指導は、高校三年までのどの学年においても必要と思われるし、こうした指導の積み重ねが、文学作品と説明的文章の、自力による〈深層の読み〉の基礎となるはずだと考える。

言語活動は授業においてはあくまでも手段であろう。それぞれの言語活動によってどういう読みの力を養っていくのか、その点での明確化が今後いっそう求められると考える。本号『国語授業の改革12』と今年の読み研・夏の大会によって、一定の前進がなされることを期待したい。

（東洋館出版社、二〇〇八年、税込一二一円、一四四円）

『言語活動サポートブック～くりかえし指導したい44の言語活動』（横浜市教育委員会 編著）

平野博通（愛知県名古屋市立明豊中学校）

現場教師は日常的に言語活動を行っているはずである。しかし、必ずしも意識的かつ効果的な言語活動になりえているのかという点では、自分の実践も含めて疑問がある。教育委員会がこのようなわかりやすい一冊の本を発行しているということにまず驚いた。

国語科だけでなく、全教科における言語活動が紹介されている。横浜国立大学教授の高木まさき氏が「言語活動の充実に向けて」という論考を寄せている。その中で「国語科と他の教科（における言語活動の指導）では、ねらいが違うことを忘れてはならない。」と述べている。他教科では言語活動を通すことで各教科の知識・技能等を習得させるのが、国語科では言語への豊かな気付きを育むことが重要な課題だという。その言語への豊かな気付きの具体例が詳細に紹介されている。

本書はＡ４判見開き4ページで一つの活動を紹介しているが、例えば「新聞を書く」「質問する・対話する」「本を紹介する・本を推薦する」「学級会を開く」などの項目がある。実物資料も豊富でなかなか見やすいものとなっている。手にとってみて「使える」という実感がわく。

では、中身はどうであろうか。国語科の学習欄にある「物語や小説を読む」という項目では、中二で「走れメロス」の読書会の模様が紹介されている。「メロスが直面した問題と、それに対する気持ちや、取った行動を読み取り、自分ならどうするか考える。」という課題が設定されている。メロスの性格がよく表れている場面を本文から探してみようとして、メロスが激怒する場面を感情移入しながら意見交流している。感想を交流してはいるが、発言がかみ合っておらず、言いっぱなしである。交流前後の感想も書かれているが、なぜそのような感想の変化が生まれたかは本書からは読みとれない。

さらに言語活動を充実させるために、「読書感想文」「本の紹介スピーチ」「視点を変えて書き換える」「登場人物の履歴書を作る」「本の推薦文をポップにまとめる」など楽しそうな活動が紹介されている。これを契機にして、多角的に言語活動をとらえてみてはいかがであろうか。

（時事通信社、二〇一二年、税込二四一五円）

【編集委員紹介】

阿部　昇（あべ　のぼる）〔編集委員長〕

秋田大学教育文化学部教授。

科学的『読み』の授業研究会代表、日本教育方法学会常任理事、全国大学国語教育学会理事、日本NIE学会理事。

〈主要著書〉『文章吟味力を鍛える――教科書・メディア・総合の吟味』明治図書出版、『授業づくりのための「説明的文章教材」の徹底批判』明治図書出版、『徹底入門・力をつける「読み」の授業』学事出版、『頭がいい子の生活習慣―なぜ秋田の学力は全国トップなのか』ソフトバンク・クリエイティブ、他。

加藤　郁夫（かとう　いくお）

初芝立命館高等学校教諭。

科学的『読み』の授業研究会事務局長。

〈主要著書〉『教材研究の定説化「舞姫」の読み方指導』、『科学的な「読み」の授業入門』［共著］東洋館出版社、『日本語の力を鍛える「古典」の授業』明治図書出版、他。

柴田　義松（しばた　よしまつ）

東京大学名誉教授。

総合人間学会副会長、日本教育方法学会常任理事。

日本教育方法学会代表理事、日本カリキュラム学会代表理事などを歴任。

〈主要著書〉『21世紀を拓く教授学』明治図書出版、『「読書算」はなぜ基礎学力か』明治図書出版、『学び方の基礎・基本と総合的学習』明治図書出版、『ヴィゴツキー入門』子どもの未来社、他。

丸山　義昭（まるやま　よしあき）

新潟県立長岡大手高等学校教諭。

科学的『読み』の授業研究会運営委員。

〈主要著書〉『教材研究の定説化「こころ」の読み方指導』明治図書出版、『科学的な「読み」の授業入門』［共著］東洋館出版社、他。

国語授業の改革12
「言語活動」を生かして確かな「国語の力」を身につけさせる
――新学習指導要領・新教科書を使った新しい国語の授業の提案

2012年8月20日　第1版第1刷発行

科学的『読み』の授業研究会［編］
（編集代表：阿部昇／加藤郁夫／柴田義松／丸山義昭）

発行者　田　中　千津子
発行所　株式会社　学　文　社
〒153-0064　東京都目黒区下目黒3-6-1
電　話　03 (3715) 1501(代)
ＦＡＸ　03 (3715) 2012
振　替　00130-9-98842
http://www.gakubunsha.com

印刷所　メディカ・ピーシー

ISBN 978-4-7620-2303-3